zs

© Verlag Zabert Sandmann
München
2. Auflage 2014
ISBN 978-3-89883-446-9

Grafische Gestaltung	Irene Schulz, Bettina Hoche (Cover)
Fotografie	siehe Bildnachweis (Seite 217)
Rezepte	Michael Koch
Redaktion	Martina Solter, Birte Welte, Eva-Maria Hege
Herstellung & Lithografie	Jan Russok, Peter Karg-Cordes
Druck & Bindung	Neografia, Martin

Besuchen Sie uns auch im Internet unter www.zsverlag.de

ECHT VEGAN KOCHEN

Über 125 kreative Rezepte von Michael Koch

ZABERT SANDMANN

INHALT

Meine vegane Küche

Das Kochen wurde mir gewissermaßen in die Wiege gelegt, denn meine Eltern führten ein Restaurant, in dem ich schon als Schüler begeistert mithalf. Die Ausbildung zum Koch lag auf der Hand, und anschließend konnte ich in einigen erstklassigen Häusern – unter anderem dem Mandarin Oriental in München – Berufserfahrung sammeln. Zum Foodstyling kam ich rein zufällig und entdeckte dabei, dass die ehrliche optische Präsentation von Rezepten und Menüs mit dem richtigen Styling und Ambiente genau meine Welt ist. Bei meiner Arbeit als Foodstylist im innovativsten deutschen Food-Fotostudio bin ich am Puls der Zeit und kann so alle Trends im Koch- und Ernährungssektor hautnah miterleben.

Sehr viel Fleisch und Fisch habe ich nie gegessen, im Gegenteil – die kreative Küche mit knackigem Gemüse, Teigwaren, Reis, Hülsenfrüchten und Co. war schon immer eher mein Ding. Bei der Gemüseküche ist Kreativität gefragt und die Lust am Experimentieren mit einer ungeahnten Fülle an (neuen) Lebensmitteln und Produkten. Viele meiner Freunde sind Vegetarier oder Veganer. Sie zu mir zum Essen einzuladen und sie mit meinen Kreationen zu begeistern, freut mich am allermeisten. Privat koche ich mehr und mehr vegan und lege immer häufiger und ganz bewusst vegane Tage ein, um mir und meiner Umwelt etwas Gutes zu tun. Das ist nicht schwer, denn viele Gerichte sind ja von Haus aus vegan, andere meiner Lieblingsrezepte habe ich einfach entsprechend »umgestrickt«. Ich denke, das ist ein guter Einstieg und Anstoß zugleich, die vegane Küche auszuprobieren und für sich zu entdecken.

In diesem Buch finden Sie neben umfassenden Infos zu veganer Ernährung und veganen Produkten Step-by-Step-Basisrezepte und natürlich eine reiche Auswahl an unterschiedlichsten Gerichten für jeden Anlass: von einfachen Dips und Brotaufstrichen über indische Grießplätzchen bis hin zu Seitan-Cordon-bleu. Auch für Dessert- und Kuchenliebhaber sind zahlreiche ausgefallene Rezepte dabei. Meine Rezepte sind für Einsteiger wie Profis gleichermaßen geeignet, und so werden Sie Schritt für Schritt in die »Geheimnisse« der veganen Küche eingeweiht.

Liebe Leserinnen und Leser, ich wünsche Ihnen beim Nachkochen, lustvollen Genießen und selbst Experimentieren viel Spaß und Erfolg!

Michael Koch

Vegane Ernährung –
eine Entdeckungsreise

1

2

3

In den Einkaufswagen kommen rote Linsen, Kichererbsen, Pasta, Räuchertofu und Sojasahne. Auf den Teller lassen sich dann Kichererbsenbällchen, Gemüsecurry, veganes Chili und Tofu-Mais-Burger finden. Was aber weder in den Korb noch auf den Tisch gelangt, sind tierische Produkte, egal ob Fleisch, Fisch, Eier, Milch – und das aus guten Gründen! Ob aus ethischer Motivation heraus oder aus reiner Neugierde – es gibt genügend Argumente, warum sich immer mehr Menschen vegan ernähren, und zwar ganz bewusst: allein in Deutschland sind es schon etwa 700 000.

Und das spricht dafür:

- Eine vegane Ernährung ist cholesterinfrei. Dadurch kann vielen Zivilisationskrankheiten wie Herz-Kreislauf-Erkrankungen vorgebeugt werden.
- Pflanzliche Kost ist ressourcenschonend, denn für die Viehzucht wird viel Wasser benötigt. Regenwälder werden für die Sojaanpflanzung als Tierfutter abgerodet: 90 % dieser Erzeugnisse werden zu Futter verarbeitet.
- Mit einer veganen Ernährung könnte die Massentierhaltung gestoppt werden.
- Die Viehhaltung macht insgesamt 18 % des CO_2-Ausstoßes aus, das ist mehr als alle gängigen Verkehrsmittel zusammen.

Vor diesem Hintergrund wird dann aus einem Trend eine ganze Lebenshaltung und -weise. Ein sicheres Zeichen dafür, dass ein veganes Leben nicht nur in Mode, sondern immer mehr gelebte Einstellung ist, ist neben den zahlreichen veganen Koch- und Backbüchern auf dem Markt auch die immer größer werdende Auswahl an veganen Lebensmitteln, vor allem in den Bio-Märkten. Wer sich dann einmal dazu entschieden hat, vegan zu leben, wird auf nichts verzichten müssen, sondern immer mehr Lebensmittel und Produkte entdecken, die für genügend Nährstoffe sorgen und den kulinarischen Horizont immens erweitern: wahrlich eine geschmackliche Entdeckungsreise! Die große Auswahl an Hülsenfrüchten, wie Bohnen, Kichererbsen und Linsen, sorgt für genügend Eiweiß. Trockenobst gibt Energie, und gerade Getreide verfügt über Eisen. Ganz wichtig sind auch die Omega-

Kuchen ohne Ei und Butter? Aber klar doch, und wirklich lecker fruchtig wird es mit dem **APFEL-STREUSEL-KUCHEN** (3). Da kann keiner Nein sagen!

4

Die **KOKOS-PANNA-COTTA** (4) wird jeden Dessert-Fan überzeugen können. Cremige Sojasahne trifft auf süße Kokosmilch, roten Granatapfel und exotisches Zitronengras.

Zum Sommer gehört Grillen unbedingt dazu. Und damit es richtig sommerlich wird, genießt man am besten frische **FRUCHT-GEMÜSE-SPIESSE** (1) vom Grillrost.

Ein **TOFU-MAIS-BURGER** (2) ist genau das Richtige, wenn man Appetit auf etwas Deftiges verspürt und herzhaft zubeißen will! Und dazu ist der Burger noch super saftig.

3-Fettsäuren, die dem Körper zugefügt werden müssen. Mit hochwertigen Ölen wie Leinöl, Walnussöl, Rapsöl und anderen Vertretern ist dies überhaupt kein Problem. Die lebenswichtigen Vitamine erhält man durch Obst und Gemüse. Das einzige Vitamin, das nicht in Pflanzen enthalten ist, ist B_{12}. Mittlerweile ist es aber zahlreichen Sojaprodukten zugesetzt. In der Schwangerschaft und bei der Kinderernährung sollte man sich sehr gut informieren, ggf. auch beim Arzt.
Einige tierische Produkte lassen sich direkt als solche erkennen und simpel ersetzen. Bei vielen Lebensmitteln sieht man aber nicht sofort, ob tierische Zusätze enthalten sind. Wer es ganz genau nimmt, sollte für Wein und Fruchtsaft beim Hersteller nachfragen, welche Zusätze zur Produktion genutzt wurden, da sie teils mit Gelatine, Hühnereiweiß oder Milcherzeugnissen geklärt wurden. Auf dem Etikett sucht man nach diesen Zutaten vergebens. Mit diesem Wissen und einigen Basic-Alternativprodukten sind veganes Kochen, Genießen und Leben aber einfach zu realisieren!

Die besten Alternativen zu Ei, Sahne & Co.

EI	Ei-Ersatzpulver (z.B. »No-Egg«) wirkt bindend und auflockernd. Auch Soja-, Lupinen- und Kichererbsenmehl können Eier ersetzen.	**BUTTER**	Pflanzenmargarine dient hier als Ersatz. Sie ist vegan, wenn auf dem Etikett kein Milcheiweiß, Magermilchpulver oder Joghurt zu finden ist.
MILCH	Hierfür bietet sich »Pflanzenmilch« aus Sojabohnen, Hafer, Reis, Kokos, Mandeln etc. an. Zum Backen eignet sich Sojamilch am besten.	**FRISCHKÄSE UND QUARK**	Frischkäse: Sojajoghurt (abgetropft) mit Salz und flüssiger Margarine abschmecken. Quark: Seidentofu oder eingeweichte Nüsse fein pürieren.
GELATINE	Wofür herkömmlich Gelatine verwendet wird, binden Sie mit Agar-Agar, einem aus Algen gewonnenen Geliermittel.	**HONIG**	Statt Honig greifen Sie zu Agavendicksaft, Ahornsirup, Apfel- oder Birnendicksaft oder Zuckerrübensirup. Sie sind sogar süßer als Honig.
SAHNE	Zum Verfeinern kann man pflanzliche Cremes (»Cuisine«), Sojasahne genannt, nehmen. Einige Produkte lassen sich mit Sahnesteif aufschlagen.	**SCHOKOLADE**	Bei Schokolade kommt es auf die Sorte an. Zartbitterschokolade ist vegan, wenn kein Molkepulver oder Butterreinfett enthalten ist.

Obst und Gemüse
Bunt und gesund

Vegane Küche ist so angesagt wie nie zuvor, und immer mehr Menschen verzichten ganz bewusst auf sämtliche Lebensmittel tierischer Herkunft. Diese reine »Pflanzenkost« ist cholesterinfrei, frisch, leicht bekömmlich und doch randvoll mit Vitaminen, Mineralstoffen und Co. Neben den gesundheitlichen und ökologischen Vorteilen rein pflanzlicher Ernährung steht die Lust am Genuss ganz weit oben. Und spätestens seit sich auch die Kochprofis vermehrt der veganen Küche annehmen und es immer mehr vegane Lebensmittel in die Supermärkte und Bioläden geschafft haben, kann das Image der asketischen Körner- und Gemüseküche endgültig ad acta gelegt werden. Der neue moderne Trend kombiniert fantasievoll knackiges Gemüse mit frischen Kräutern, vitaminreichem Obst, gehaltvollen Hülsenfrüchten und sättigendem Getreide mal mediterran, mal orientalisch, mal klassisch auf vegane Art – und das auf allerhöchstem Niveau mit einer ungeahnten Vielfalt.

BROKKOLI (links) ist ein absolutes Feinschmeckergemüse – und zählt mit zu den gesündesten Lebensmitteln überhaupt: In einer einzigen Portion steckt genug Vitamin C, um den kompletten Tagesbedarf abzudecken, und er enthält mehr Kalzium als ein Glas Milch. Brokkoli wird daneben auch noch eine krebsvorbeugende Wirkung nachgesagt.

KOHL (1) begleitet unseren Speiseplan mit zahlreichen Züchtungen rund ums Jahr. Je nach Sorte kann er roh verwendet oder sollte gegart werden. Übrigens: Mehr wertvolle Vitamine und Mineralstoffe als Kohl hat kaum ein Gemüse.

PAPRIKASCHOTEN (2) waren schon, bevor sie überhaupt bei uns bekannt wurden, ein wichtiger Nahrungsbestandteil in Süd- und Mittelamerika. In vielen Ländern zählen sie zu den Zutaten der traditionellen Küche. Das Gemüse enthält neben Kohlenhydraten und Ballaststoffen reichlich Vitamin C.

SCHALOTTEN UND ZWIEBELN (3) werden rund um den Globus als Aromaspender geliebt. Mal scharf, wenn roh verwendet, mal süßlich, wenn lange geschmort oder gedünstet.

1

2

ORANGEN UND CO. (4) sind wertvolle Vitaminspender, wenn unsere einheimischen Obstsorten Winterpause haben. Der Saft und die abgeriebene Schale von Bio-Orangen, -Limetten und -Zitronen frischen viele Gerichte mit feinem Zitrusaroma auf.

3

4

KARTOFFELN (5) sind gesunde Sattmacher und absolute Allrounder. Fest- oder mehligkochend, in Suppen, Gratins oder als Beilage – die tolle Knolle liefert komplexe Kohlenhydrate, Vitamine und Mineralstoffe und macht dabei stets eine gute Figur.

PILZE (6) haben eigentlich im Herbst Saison. Durch moderne Zucht sind zahlreiche Sorten jedoch ganzjährig in gleichbleibender Qualität erhältlich. Von mild bis würzig ist für jeden Geschmack etwas dabei. Außerdem sind sie hervorragende Eiweiß- und Vitamin-D-Lieferanten.

ÄPFEL (7) enthalten viel Vitamin C und eine Reihe von B-Vitaminen. Der Großteil der Vitamine sitzt in der Schale, weshalb diese

5

6

idealerweise mitverzehrt werden sollte. Nicht nur pur, sondern auch in Kuchen und Desserts sind Äpfel mit ihrem Aroma und der leichten Säure gern gesehene Partner. Achtung bei der Lagerung: Äpfel verströmen das natürliche Gas Ethylen, das andere Obst- und Gemüsesorten schneller reifen lässt.

AUBERGINEN sind roh wegen ihrer Bitterstoffe kaum genießbar, daher werden sie gedünstet, gebraten oder im Backofen gegart. In der veganen Küche kann man sie mit einem Mehl-Wasser-Gemisch und Semmelbröseln panieren und als fleischlose »Schnitzel« servieren.

BANANEN sind in Südamerika, vor allem in Ecuador, das Volksnahrungsmittel. Da sie so viele Kohlenhydrate enthalten, sind sie ein absoluter Energielieferant und damit gerade bei Sportlern sehr beliebt. Trockenbananen enthalten besonders viel Vitamin B_1 und B_6. In der veganen Küche werden sie als Ei-Ersatz verwendet: 50 bis 60 g der Powerfrucht ersetzen ein Ei.

BEEREN haben unterschiedlich Saison, hauptsächlich aber in den Sommermonaten. Mit ihren süßsauren Aromen sind sie der Hit in Desserts und Kuchen, aber auch fein als Snack.

FENCHEL ist reich an ätherischen Ölen und somit gut für die Atemwege – aber auch nervöse Mägen kann er beruhigen. Die Knollen machen sich sehr gut in Gratins zusammen mit Kartoffeln, und als Salat, z.B. in Kombination mit Orangen, sind sie äußerst schmackhaft.

7

Getreide, Hülsenfrüchte & Co.
Wichtige Nährstoffvielfalt

Eine vegane Lebensweise wird von vielen gewählt, um sich bewusster und nachhaltiger zu ernähren. Tatsächlich bietet eine rein pflanzliche Kost viele gesundheitliche Vorteile, doch sollte wie bei jeder anderen Ernährungsform auch hier auf Ausgewogenheit geachtet werden. Gerade Getreide und Hülsenfrüchte liefern besonders viel Energie. Bohnen, Erbsen, Kichererbsen und Linsen enthalten viele Ballaststoffe, decken spielend den täglichen Eisenbedarf und sind sehr gute Eiweißlieferanten. In Sojaprodukten ist vor allem Kalzium enthalten, das wichtig für stabile Knochen und Zähne ist und somit tierische Milchprodukte ersetzen kann. Auch Produkte aus Dinkel-, Hafer-, Gerste-, Kokos-, Mandel- und Reismilch sind wertvolle pflanzliche Alternativen.

NUDELN (links) wie z. B. die italienischen Spaghetti, werden nach alter Tradition völlig ohne Ei und lediglich aus Hartweizengrieß, Mehl und Wasser hergestellt. Sie sind auch hierzulande in diversen kurzen und langen Formen in jedem Supermarkt erhältlich.

COUSCOUS (1) ist zu feinen Kügelchen zerriebener Grieß aus Weizen oder Hirse. Im Orient ebenso wie bei uns besonders beliebt ist Instant-Couscous, weil er lediglich mit kochendem Wasser übergossen werden muss.

ÖLE (2) werden aus verschiedenen Samen und Früchten gewonnen. Es gibt Olivenöl, Kürbiskernöl, Rapsöl, Walnussöl, Distel- und Sesamöl ... Kaltgepresste Öle eignen sich besonders für Salate, hitzebeständige Öle wie Raps-, Soja- und Sonnenblumenöl verwendet man zum Frittieren, Braten oder Schmoren.

HÜLSENFRÜCHTE (3) sind reich an lebensnotwendigen Nährstoffen wie Eiweiß, Kohlenhydrate, Mineralien, Ballaststoffe und Vitamin B_1. In der Kombination mit Getreide, z. B. mit Reis, liefern Bohnen, Erbsen und Linsen alle für den Körper essenziellen Aminosäuren und damit optimales Eiweiß.

MANDELN (4) wachsen vor allem in Spanien, Portugal, Süditalien und auf Sizilien. Es wird zwischen süßen und bitteren Mandeln unterschieden, wobei Bittermandeln nur in

1

2

3

kleinsten Mengen zum Aromatisieren verwendet werden. In der Küche sollte man zu ganzen Mandeln greifen und diese bei Bedarf grob oder fein zerkleinern. In gekauften gemahlenen Mandeln können sich leicht Schimmelpilze einnisten.

TOFU (5) ist für Vegetarier und besonders für Veganer ein wichtiger Eiweißlieferant. Ihn gibt es in vielen Varianten und Konsistenzen. Sehr beliebt ist der würzige Räuchertofu. Kaufen Sie Tofu in Bioqualität – so meiden Sie Produkte aus genmanipuliertem Soja.

TOFUVARIANTEN (6, 7 und 8) werden gerade in Bio-Supermärkten zahlreich angeboten. Naturtofu ist geschmacksneutral, die gewürzten und marinierten Varianten müssen im Gegensatz zu diesem nicht mehr eingelegt werden.

SOJAPUDDING (9), **-MILCH** (10), **-QUARK** (11) und **-JOGHURT** (12) dienen als Ersatz für Milchprodukte und werden von unterschiedlichen Herstellern angeboten. Auch hier sollte zu Bio-Ware gegriffen werden, um genmanipuliertes Soja zu vermeiden. Gerade Pudding und Joghurt ist in vielen verschiedenen Geschmacksrichtungen erhältlich. Bei Sahne kann man spezielle Produkte kaufen, die sich zum einen als Kochsahne oder zum anderen als Schlagsahne eignen.

TEMPEH (13) ist ein traditionelles Fermentationsprodukt aus Indonesien, das aus getrockneten Soja- und anderen Speisebohnen hergestellt wird. Es wird meist wie Tofu verwendet.

SOJAMEHL (14) wird aus **SOJABOHNEN** (15) hergestellt und unter anderem beim Backen anstelle von Eiern verwendet. 1 EL Sojamehl mit 30 bis 50 ml Wasser verrührt, ersetzt 1 Ei.

SOJASAUCE (16) gibt es hell und dunkel, wobei die helle Sojasauce andere Lebensmittel nicht so stark verfärbt und weniger salziger ist als die dunkle Sojasauce.

Step by Step
Tipps & Tricks für die vegane Küche

Wenn »Grünes« ganz oben auf dem täglichen Speiseplan steht, sind Frische, Qualität und Saisonalität beim Einkauf die wichtigsten Kriterien. Frisches Obst und Gemüse sollte nur kurz, kühl und dunkel gelagert und dann schonend zubereitet werden. Und wenn dann auch weder Ei, Milch, Butter noch andere tierische Produkte auf den Tisch kommen, werden weitere Anforderungen an Einkaufsliste und Zubereitungsart gestellt. Wie wird z.B. Mayonnaise ohne Ei hergestellt? Oder wie wird eine würzig herzhafte Bolognese zubereitet, bei der der Hauptbestandteil eigentlich Gehacktes ist? Und obwohl auf die tierischen Zutaten verzichtet wird, lassen sich diese Klassiker ohne Mehraufwand zubereiten, wenn man die Tipps und Tricks der veganen Küche beherrscht.

Blumenkohl-Mandel-Suppe

1 1 Blumenkohl putzen, waschen und in Röschen teilen. 1 Zwiebel schälen und in feine Würfel schneiden.

2 1 EL vegane Margarine in einem Topf zerlassen und die Zwiebel und den Blumenkohl (bis auf einige Röschen) 2 bis 3 Minuten andünsten.

3 Je 300 ml Gemüsebrühe und Mandelmilch angießen und die Suppe zugedeckt bei schwacher Hitze etwa 20 Minuten köcheln lassen.

4 250 g Sojasahne dazugeben und die Suppe bei schwacher Hitze weitere 5 Minuten köcheln lassen.

5 Die Blumenkohl-Mandel-Suppe mit dem Stabmixer fein pürieren. Mit Salz, Pfeffer, 1 Prise geriebener Muskatnuss und 1/2 TL abgeriebener Bio-Zitronenschale würzen.

6 Blumenkohl-Mandel-Suppe mit 2 EL Schnittlauch und nach Belieben mit gerösteten Pumpernickelbröseln bestreut servieren.

Mayonnaise mal anders

1 100 ml zimmerwarme Sojamilch in einen hohen Pürierbecher füllen. Langsam 200 ml zimmerwarmes Öl (z.B. Rapsöl) daraufgießen.

2 Den Pürierstab in den Becher stellen und auf höchster Stufe 1 bis 2 Min. mixen, ohne ihn zu bewegen. Dann langsam nach oben ziehen.

3 1 TL mittelscharfen Senf und 1 TL Weißweinessig unterrühren und die Mayonnaise mit Salz und Pfeffer würzig abschmecken.

4 Für eine Remoulade noch zusätzlich jeweils 30 g fein gehackte Gewürzgurken, Kapern, Schalotten und Petersilie unterrühren.

Tofu-Bolognese

1 Mit einer Gabel 400 g (Räucher-)Tofu zerdrücken. 1 Zwiebel und 2 Knoblauchzehen schälen und in feine Würfel schneiden.

2 2 Möhren putzen und schälen, 2 Stangen Sellerie putzen und waschen. Beides in feine Würfel schneiden.

3 5 EL Olivenöl in einem Topf erhitzen und den Tofu darin unter häufigem Rühren etwa 5 Minuten anbraten.

4 Das Gemüse dazugeben und 4 Minuten weiterbraten. 2 EL Tomatenmark hinzufügen und kurz unter Rühren mitrösten.

5 800 g Dosentomaten und 200 ml Gemüsebrühe dazugeben und die Sauce bei schwacher Hitze 25 bis 30 Minuten köcheln lassen.

6 1 Bund Basilikum waschen, trocken schütteln, die Blätter fein hacken und dazugeben. Mit Salz, Pfeffer und Zucker abschmecken.

Thai-Kokos-Dressing

1 Je 1 Bund Koriander und Thai-Basilikum, ½ rote Chili, 5 g Ingwer, 150 g Sojajoghurt, 200 ml Kokosmilch und 50 ml Brühe pürieren.

2 2 EL Reisessig und 1 TL Sesamöl unterrühren und das Dressing mit je 1 EL Limettensaft und Sojasauce abschmecken.

Geeistes Mangoparfait mit Knusperboden

1 Je 80 g Nougat und Zartbitterschokolade hacken und in einer Metallschüssel im heißen Wasserbad unter Rühren schmelzen.

2 In einer Schüssel 80 g Cornflakes mit den Händen zerbröseln und unter die Nougat-Schoko-Masse rühren.

3 Den Boden einer Springform (24 cm Durchmesser) mit Backpapier auskleiden und die Masse darauf verteilen. Kühl stellen.

4 100 g Kokoscreme mit 100 g braunem Zucker aufkochen. Beiseitestellen und abkühlen lassen.

5 1 reife Mango schälen und das Fruchtfleisch auf den flachen Seiten vom Stein schneiden.

6 1 Bio-Limette heiß waschen, die Schale abreiben und den Saft auspressen. Beides mit der Kokoscreme und der Mango fein pürieren.

7 250 g Sojasahne mit 1 Päckchen Sahnesteif aufschlagen und unter die Kokoscreme heben.

8 Creme auf dem Boden verteilen, 4 Stunden tiefkühlen. Vor dem Servieren kurz antauen lassen. Mit Kokoschips und Mangopüree servieren.

Blaubeer-Erdnuss-Muffins

1 Backofen auf 180 °C vorheizen. 90 g braunen Zucker, 1 Päckchen Vanillezucker, 1 Prise Salz und 120 g vegane Margarine schaumig schlagen.

2 300 g Dinkelmehl, 3 EL Speisestärke und 1 Päckchen Backpulver in eine Schüssel sieben.

3 Mehlmischung und 300 ml Hafermilch im Wechsel unter die Margarine rühren.

4 Dann 200 g TK-Blaubeeren unter den Teig heben. Teig in die mit Papierförmchen ausgelegten Vertiefungen der Muffinform füllen.

5 Die Muffins im Ofen auf der mittleren Schiene etwa 20 Minuten backen. 60 g Margarine, 60 g Puderzucker und 200 g Erdnussbutter schaumig schlagen. Die abgekühlten Muffins mit der Creme garnieren.

6 Die garnierten Blaubeer-Erdnuss-Muffins mit Schokospänen und etwas Meersalz bestreut servieren.

Schnelle Erdbeersauce

1 500 g Erdbeeren waschen, putzen und grob zerkleinern. Mit 4 EL Zucker und etwas Zitronensaft in einer Schüssel mischen.

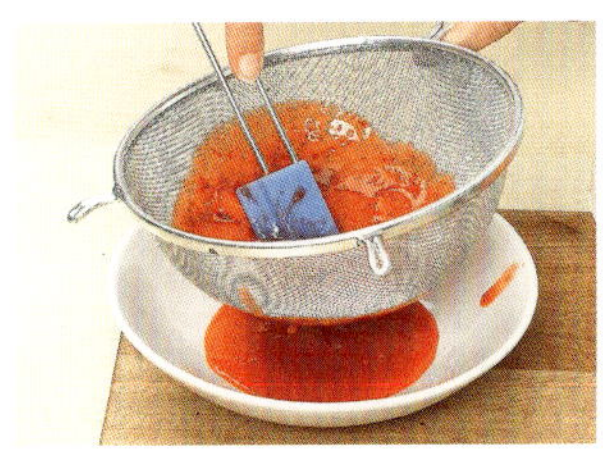

2 Erdbeeren mit dem Stabmixer fein pürieren und durch ein feines Sieb passieren, um die Kerne zu entfernen.

Brotaufstriche & Dips

Auberginenaufstrich
mit bunter Salsa

Herrlich cremig und erfrischend zugleich: Dieser leckere Brotaufstrich überzeugt nicht nur als Vorspeise, sondern auch als Sommersnack

Zutaten

Für den Aufstrich:

1 große Aubergine
1 Knoblauchzehe
200 g Kichererbsen (aus der Dose)
1–2 EL Olivenöl
1–2 EL Limettensaft
Salz · Pfeffer aus der Mühle
1 Msp. Paprikapulver (rosenscharf)

Für die Salsa:

1 kleiner Zucchino
2 Tomaten
1 Schalotte
2 EL Limettensaft
2 EL Olivenöl

Zubereitung

FÜR 4 PERSONEN

1 Den Backofen auf 220 °C vorheizen. Für den Aufstrich die Aubergine putzen, waschen und rundum mehrmals mit einer Gabel einstechen. In eine ofenfeste Form legen und im Ofen auf der mittleren Schiene etwa 30 Minuten garen, bis sie weich ist.

2 Die Aubergine herausnehmen, abkühlen lassen und längs halbieren. Das Fruchtfleisch mit einem Löffel aus der Schale lösen und in einen hohen Rührbecher geben. Den Knoblauch schälen, die Kichererbsen in ein Sieb abgießen, kalt abbrausen und abtropfen lassen. Beides mit dem Olivenöl und dem Limettensaft zur Aubergine geben und mit dem Stabmixer fein pürieren. Den Aufstrich mit Salz, Pfeffer und Paprikapulver abschmecken.

3 Für die Salsa den Zucchino putzen, waschen und in feine Würfel schneiden. Die Tomaten kreuzweise einritzen, überbrühen, häuten, vierteln und entkernen, dabei die Stielansätze entfernen. Das Fruchtfleisch in kleine Würfel schneiden. Die Schalotte schälen und in feine Würfel schneiden. Zucchino, Tomaten und Schalotte mit dem Limettensaft und dem Olivenöl mischen.

4 Den Auberginenaufstrich auf vier Schälchen verteilen und die Salsa darübergeben. Nach Belieben mit Auberginenchips (siehe Tipp) und Limetten- oder Zitronenachteln garnieren und servieren. Dazu passt Toastbrot oder frisches Baguette.

Tipp› Für die Auberginenchips 1 Aubergine putzen, waschen und quer in Scheiben schneiden. Die Scheiben salzen, Wasser ziehen lassen, in Mehl wenden und portionsweise in Öl goldbraun frittieren.

Dreierlei Dips mit Kichererbsen, Kürbis und Tomate

Ein Highlight der orientalischen Küche: Kichererbsen machen sich als Dip besonders gut, genauso wie Kürbis und Tomate

Zutaten

Für den Rote-Bete-Hummus:

1 Knoblauchzehe · 1 Limette

300 g Rote Beten (vorgegart und vakuumiert)

300 g Kichererbsen (Dose)

2–3 EL Tahin (Sesampaste)

3 EL helles Sesamöl

Salz · Pfeffer aus der Mühle

1 TL gemahlener Kreuzkümmel

2–3 EL Sojajoghurt

Für den Kürbis-Dip:

3–4 Knoblauchzehen

400 g Kürbisfruchtfleisch

6–8 EL Olivenöl

Salz · Pfeffer aus der Mühle

350 g weiße Bohnen (Dose)

1 Frühlingszwiebel

1/2 Handvoll Basilikumblätter

Für die Tomaten-Minz-Salsa:

3 Tomaten · 1 Salatgurke

1 rote Zwiebel

1/2 Handvoll Minze

je 1–2 EL Limettensaft und Olivenöl

1 TL brauner Zucker

Salz · Tabasco

Zubereitung

FÜR 4 PERSONEN

1 Für den Rote-Bete-Hummus den Knoblauch schälen, die Limette auspressen. Die Roten Beten in grobe Stücke schneiden. Die Kichererbsen auf einem Sieb abtropfen lassen und mit Roten Beten, Knoblauch, Limettensaft, Tahin und 2 EL Öl pürieren. Mit Salz, Pfeffer und etwas Kreuzkümmel würzen und in eine Schale füllen. Den Joghurt auf den Rote-Bete-Hummus setzen, mit dem übrigen Öl beträufeln und mit Pfeffer und Kreuzkümmel bestreut servieren.

2 Für den Kürbis-Dip den Backofen auf 200 °C vorheizen und ein Backblech mit Backpapier belegen. Den Knoblauch schälen und grob hacken. Das Kürbisfruchtfleisch in Würfel schneiden und mit dem Knoblauch auf das Blech geben. Mit 2 bis 3 EL Olivenöl mischen und mit Salz und Pfeffer würzen. Im Ofen auf der mittleren Schiene etwa 30 Minuten weich garen.

3 Die Bohnen abbrausen und abtropfen lassen. Mit dem Kürbis und dem restlichen Öl fein pürieren. Die Frühlingszwiebel putzen, waschen und in feine Röllchen schneiden. Das Basilikum waschen und trocken schütteln. Einige Blätter beiseitelegen, die restlichen fein hacken, mit der Frühlingszwiebel unter das Bohnen-Kürbis-Püree mischen. Mit Salz und Pfeffer abschmecken. Den Kürbis-Dip mit den Basilikumblättern garniert servieren.

4 Für die Tomaten-Minz-Salsa die Tomaten waschen, halbieren, entkernen und das Fruchtfleisch in feine Würfel schneiden. Die Gurke putzen, waschen, längs halbieren und die Kerne mit einem Löffel herauslösen. Das Fruchtfleisch in kleine Würfel schneiden. Die Zwiebel schälen und in feine Würfel schneiden. Die Minze waschen, trocken schütteln, die Blätter abzupfen und fein hacken. Die vorbereiteten Zutaten in einer Schüssel gut vermischen. Die Tomaten-Minz-Salsa mit Limettensaft, Olivenöl, Zucker, Salz und Tabasco würzen.

Avocadosalsa
mit Zimt und Vanille

Zutaten

1 Schalotte

1 kleine Knoblauchzehe

Salz

2 reife Avocados (ca. 500 g)

1–2 EL Zitronensaft

1 EL mildes Olivenöl

1 Msp. geriebener Ingwer

Vanillesalz

(aus dem Gewürzladen)

Zimtpulver

Cayennepfeffer

Zubereitung

FÜR 4 PERSONEN

1 Die Schalotte und den Knoblauch schälen. Die Schalotte in feine Würfel schneiden, den Knoblauch grob zerkleinern, mit etwas Salz bestreuen und mit der Messerklinge auf einem Küchenbrett fein zerreiben.

2 Die Avocados halbieren und die Steine entfernen. Die Avocadohälften schälen, das Fruchtfleisch in kleine Würfel schneiden und in eine Schüssel geben. Sofort mit dem Zitronensaft beträufeln und gut vermischen.

3 Dann das Olivenöl, die Schalottenwürfel, den zerriebenen Knoblauch und den Ingwer hinzufügen. Die Avocadosalsa mit je 1 Prise Vanillesalz, Zimtpulver und Cayennepfeffer würzen. Den Dip nach Belieben mit Kartoffel- oder Tortillachips oder als Brotaufstrich servieren.

Mangosalsa
mit Paprika

Zutaten

1 reife Mango
100 g geröstete Paprika
(aus dem Glas)
1 rote Zwiebel
1 grüne Chilischote
Saft von 1 Limette
1 EL brauner Zucker
Zimtpulver
1 EL Weißweinessig
ca. 1 Handvoll Koriander

Zubereitung

FÜR 4 PERSONEN

1 Die Mango schälen, das Fruchtfleisch auf den flachen Seiten vom Stein schneiden und in kleine Würfel schneiden. Die Paprika auf Küchenpapier abtropfen lassen und in feine Würfel schneiden.

2 Die Zwiebel schälen und in feine Würfel schneiden. Die Chilischote längs halbieren, entkernen, waschen und fein hacken.

3 Die Limette halbieren und den Saft auspressen. Den Zucker, 1 Prise Zimtpulver, den Essig und den Limettensaft verrühren. Den Koriander waschen und trocken schütteln, die Blätter abzupfen und grob hacken. Unter die Sauce mischen.

4 Die Mangowürfel mit den Paprika, der Zwiebel, der Chili und der Sauce gut vermischen und servieren. Die Salsa schmeckt besonders gut zu gebackenen Falafel oder Gemüse-Wraps (siehe S. 42).

Tofudip mit Sesam
zu viererlei Gemüse

Tofu kann so würzig und aromatisch sein: In Kombination mit nussigem Sesam und rohem Gemüse wird er zum leckeren Snack

Zutaten

Für das Gemüse:

250 g Möhren

250 g Staudensellerie

250 g grüner Spargel

250 g grüne Bohnen

Salz

Für den Tofudip:

200 g Seidentofu

1 EL Tahin (Sesampaste)

1 TL helles Sesamöl

1–2 TL Zitronensaft

Salz

weißer Pfeffer aus der Mühle

Apfeldicksaft

1 TL helle Sesamsamen

Zubereitung

FÜR 4 PERSONEN

1 Für das Gemüse die Möhren putzen, schälen und in etwa 1 cm breite Streifen schneiden. Den Staudensellerie putzen, waschen und in 15 bis 20 cm lange Streifen schneiden.

2 Den Spargel waschen und im unteren Drittel schälen, die holzigen Enden abschneiden. Die Bohnen putzen, waschen und zusammen mit dem Spargel in kochendem Salzwasser etwa 8 Minuten blanchieren. Den Spargel und die Bohnen in ein Sieb abgießen, kalt abschrecken und abtropfen lassen.

3 Für den Tofudip den Tofu mit der Tahin, dem Öl und etwas Zitronensaft in einem hohen Rührbecher mit dem Stabmixer cremig pürieren. Den Dip mit Salz, Pfeffer, Apfeldicksaft und Zitronensaft abschmecken.

4 Den Tofudip in ein Schälchen füllen und mit dem Sesam bestreuen. Das Gemüse auf vier Gläser verteilen und zusammen mit dem Tofudip servieren.

Tipp› Auch andere Gemüsesorten passen hervorragend zu dem Dip – probieren Sie doch auch einmal Paprika und Gurke. Oder Sie streichen den Tofudip ganz einfach auf eine knusprige Scheibe Brot.

Crostini mit Kräutercreme und Röstzwiebeln

Wer kann zu diesen knusprigen und aromatischen Appetithappen schon Nein sagen? Deshalb gleich eine ganze Platte voll davon!

Zutaten

4 EL Walnusskerne
1 EL Ahornsirup
1 kleines Baguette
2 – 3 EL Olivenöl
150 g veganer Frischkäse (ersatzweise pflanzlicher Brotaufstrich; natur)
1 Knoblauchzehe
1 EL Zitronensaft
je 2 – 3 Stiele Dill, Estragon und Petersilie
4 Schnittlauchhalme
Salz · Pfeffer aus der Mühle

Zubereitung

FÜR 4 PERSONEN

1 Den Backofengrill auf 250 °C vorheizen und ein Backblech mit Backpapier belegen. Die Walnüsse grob hacken und in einer Pfanne ohne Fett rösten. Den Ahornsirup darüberträufeln und die Walnüsse kurz karamellisieren. Beiseitestellen.

2 Das Baguette schräg in etwa 1 cm dicke Scheiben schneiden und mit etwas Olivenöl bestreichen. Auf das Backblech legen und unter dem Backofengrill etwa 5 Minuten goldbraun rösten. Das Baguette herausnehmen und abkühlen lassen.

3 Den Frischkäse in einer Schüssel glatt rühren. Den Knoblauch schälen, in feine Würfel schneiden und mit dem Zitronensaft unter den Frischkäse rühren.

4 Die Kräuter waschen und trocken schütteln. Die Blätter abzupfen und fein hacken, den Schnittlauch in Röllchen schneiden. Die Kräuter unter den Frischkäse mischen und mit Salz und Pfeffer würzen.

5 Die Brotscheiben mit der Kräutercreme bestreichen und mit den karamellisierten Walnüssen bestreut servieren.

Tipp› Für eine Variante mit Pilzen 100 g braune Champignons oder Austernpilze putzen und in Scheiben schneiden. In wenig Öl braten, mit Balsamico ablöschen und auf der Kräutercreme verteilen.

Avocdaocreme
auf Pumpernickeltaler

Zutaten

2 reife Avocados

100 g Kichererbsen

(aus der Dose)

1 Knoblauchzehe

1 Limette

1 – 2 Spritzer Tabasco

Salz · Pfeffer aus der Mühle

einige Schnittlauchhalme

150 g Pumpernickeltaler

Zubereitung

FÜR 4 PERSONEN

1 Die Avocados halbieren und die Steine entfernen. Die Avocadohälften schälen und das Fruchtfleisch in grobe Stücke schneiden. Die Kichererbsen in ein Sieb abgießen und abtropfen. Die Kichererbsen zusammen mit den Avocados in einem hohen Rührbecher mit dem Stabmixer grob pürieren.

2 Den Knoblauch schälen und in feine Würfel schneiden. Die Limette halbieren und den Saft auspressen. Den Knoblauch und den Limettensaft unter das Avocado-Kichererbsen-Püree rühren und mit Tabasco, Salz und Pfeffer würzen.

3 Den Schnittlauch waschen, trocken schütteln und in 4 bis 5 cm lange Stücke schneiden.

4 Die Avocadocreme auf den Pumpernickeltalern verteilen und mit den Schnittlauchstücken garniert servieren. Nach Belieben kann man zusätzlich Tomatenwürfel oder gehackten Koriander unter die Creme rühren.

Süsskartoffeldip
mit Curry und Chili

Zutaten

400 g kleine rotschalige Süßkartoffeln
1 Knoblauchzehe
80 g Kichererbsen (aus der Dose)
1–2 EL Limettensaft
3 EL Olivenöl
1 EL Tahin (Sesampaste)
1–2 EL Hefeflocken
1/2 TL Currypulver
gemahlener Kreuzkümmel
Chiliflocken
helle Sojasauce
Salz

Zubereitung

FÜR 4 PERSONEN

1 Den Backofen auf 180 °C Umluft vorheizen. Die Süßkartoffeln einzeln in Alufolie wickeln und im Ofen auf der mittleren Schiene etwa 50 Minuten garen. Auswickeln und im ausgeschalteten Ofen bei leicht geöffneter Tür noch etwa 10 Minuten ausdampfen lassen.

2 Die Süßkartoffeln pellen, grob in Stücke schneiden und abkühlen lassen.

3 Den Knoblauch schälen. Die Kichererbsen auf einem Sieb abbrausen und abtropfen lassen. Die Süßkartoffelwürfel mit den Kichererbsen, Knoblauch, Limettensaft, Olivenöl, Tahin und Hefeflocken in einem hohen Rührbecher mit dem Stabmixer fein pürieren.

4 Den Süßkartoffeldip mit Currypulver, Kreuzkümmel, Chiliflocken, Sojasauce, Salz und Limettensaft abschmecken.

Hummus
ganz klassisch

Ein Klassiker wie aus 1001 Nacht: Der würzige Kichererbsenaufstrich ist der ideale Starter für ein veganes Menü

Zutaten

130 g getrocknete Kichererbsen (ersatzweise 400 g Kichererbsen aus der Dose)
1 Knoblauchzehe
40 g Sesampaste (Tahin)
1 – 2 EL Zitronensaft
1 TL gemahlener Kreuzkümmel
4 – 5 Eiswürfel
Salz · Pfeffer aus der Mühle
1 EL gehackte Petersilie
1 TL Chiliflocken

Zubereitung

FÜR 4 PERSONEN

1 Die Kichererbsen über Nacht in einer Schüssel in reichlich kaltem Wasser einweichen. Am nächsten Tag die Kichererbsen in ein Sieb abgießen und abtropfen lassen.

2 Den Knoblauch schälen. Die Kichererbsen mit dem Knoblauch, der Sesampaste, dem Zitronensaft, dem Kreuzkümmel und den Eiswürfeln im Blitzhacker fein pürieren. Mit Salz und Pfeffer würzen.

3 Vor dem Servieren den Hummus mit Petersilie und Chiliflocken bestreuen. Nach Belieben kann dieser Dip auch z. B. auf Gemüse-Wraps (siehe S. 42) gestrichen werden.

Tipp› Servieren Sie den Hummus einfach als Brotaufstrich oder zu gegrilltem Fladenbrot, Ofenkartoffeln oder Tofutalern. Ein paar Gurken- und Tomatenscheiben und Oliven dazu – fertig ist eine kleine Mahlzeit.

Kartoffel-Knoblauch-Creme
nach griechischer Art

Zutaten

600 g mehligkochende Kartoffeln

Salz

5 – 6 Knoblauchzehen

50 ml Sojamilch

1 Zitrone

150 ml Olivenöl

Pfeffer aus der Mühle

Zubereitung

FÜR 4 PERSONEN

1 Die Kartoffeln mit der Schale gründlich waschen und in Salzwasser etwa 20 Minuten weich garen. Die Kartoffeln abgießen, ausdampfen lassen und möglichst heiß pellen.

2 Die Kartoffeln durch die Kartoffelpresse in eine Schüssel drücken. Den Knoblauch schälen, in feine Würfel schneiden und mit der Sojamilch in einem Topf kurz aufkochen.

3 Die Zitrone halbieren und den Saft auspressen. Die Knoblauchmilch, den Zitronensaft und das Olivenöl unter die Kartoffelmasse rühren. Die Kartoffel-Knoblauch-Creme (im Original »Skordalia« genannt) mit Salz und Pfeffer würzen. Servieren Sie dazu Oliven, eingelegte Peperoni oder gefüllte Weinblätter und Weißbrot.

Linsendip
mit Kreuzkümmel

Zutaten

200 g gelbe Linsen
1 Zwiebel
1 haselnussgroßes Stück Ingwer
1 Knoblauchzehe
Salz
2–3 EL Sojajoghurt
1 TL Kreuzkümmelsamen
Pfeffer aus der Mühle
Zitronensaft
gemahlene Kurkuma

Zubereitung

FÜR 4 PERSONEN

1 Die Linsen auf einem Sieb abbrausen und abtropfen lassen. Die Zwiebel, den Ingwer und den Knoblauch schälen und in feine Würfel schneiden.

2 Die Linsen mit 400 bis 450 ml Salzwasser, der Zwiebel und dem Knoblauch in einen Topf geben und etwa 12 Minuten garen. Dabei gelegentlich umrühren. Das überschüssige Wasser abgießen.

3 Die Linsen im Topf mit dem Kartoffelstampfer zerdrücken und etwas abkühlen lassen.

4 Den Joghurt und den Kümmel unter die Linsen rühren und alles mit Salz, Pfeffer, Zitronensaft und Kurkuma würzen. Der Linsendip passt prima zu Fladenbrot oder geröstetem Weißbrot.

Bohnenpaste zu Crackern
und Staudensellerie

Bohnen in absoluter Hochform: Fein püriert mit Knoblauch, Zwiebeln, etwas Orange und frischen Kräutern, werden sie zum würzigen Dip

Zutaten

Für die Bohnenpaste:
250 g getrocknete Borlottibohnen
1 Zwiebel
1 Knoblauchzehe
2 – 4 EL Olivenöl
1/2 l Gemüsebrühe
1 Bio-Orange
2 EL Sojasahne
Olivenöl
2 EL frisch gehackte Kräuter (z. B. Dill, Petersilie)
Salz · Pfeffer aus der Mühle

Für die Cracker:
220 g Dinkelmehl
120 g blütenzarte Haferflocken
50 g Sesamsamen
50 g Leinsamen
Salz · 2 EL Olivenöl

Außerdem:
200 g Staudensellerie

Zubereitung

FÜR 4 PERSONEN

1 Für die Bohnenpaste die Bohnen über Nacht in kaltem Wasser einweichen. Am nächsten Tag die eingeweichten Bohnen in ein Sieb abgießen und abtropfen lassen.

2 Für die Cracker den Backofen auf 150 °C Umluft vorheizen. Die trockenen Zutaten mischen, 1 TL Salz, das Olivenöl und 1/2 l Wasser hinzufügen und zu einem Teig verarbeiten. Zwei Backbleche mit Backpapier belegen, den Teig mit einem Löffel auf die Bleche geben und ganz flach verstreichen. Im Ofen auf der mittleren Schiene 15 Minuten backen.

3 Die Bleche herausnehmen, mit einem runden Ausstecher Kreise (etwa 5 cm Durchmesser) in den Teig stechen und den Teig weitere 45 Minuten backen. Herausnehmen und abkühlen lassen.

4 Für die Bohnenpaste die Zwiebel und den Knoblauch schälen und in feine Würfel schneiden. In einer Pfanne 1 EL Olivenöl erhitzen, die Zwiebel und den Knoblauch darin andünsten. Mit der Brühe ablöschen und die Bohnen dazugeben. Die Bohnen unter gelegentlichem Rühren etwa 45 Minuten weich garen. In ein Sieb abgießen und in einem hohen Rührbecher mit dem Stabmixer fein pürieren, dann durch ein Sieb streichen.

5 Die Orange heiß waschen, trocken reiben und 1/4 TL Schale fein abreiben. Die Orange halbieren und auspressen. Orangenschale, 2 EL Orangensaft, die Sojasahne und so viel Olivenöl unterrühren, dass ein sämiges Püree entsteht. Die Kräuter hinzufügen und mit Salz und Pfeffer würzen.

6 Den Staudensellerie putzen, waschen und in 10 bis 15 cm lange Stücke schneiden. Die Bohnenpaste in Schälchen füllen und als Dip zu den Crackern und den Selleriestangen reichen.

Vorspeisen & kleine Gerichte

Gemüse-Wraps
mit Paprika und Rucola

Das kommt auf jeden Fall in die Tüte! Bunte Paprika und Co. in selbst gebackenen Tortillas – schöner kann Fingerfood nicht sein!

Zutaten

je 100 g Mais- und Weizenmehl · Salz
je 2 rote und gelbe Paprikaschoten
1 rote Zwiebel
250 g Tomaten
1 Knoblauchzehe
2 EL Olivenöl
2 EL Zitronensaft
3 EL Gemüsebrühe
Pfeffer aus der Mühle
1 Handvoll Rucola
8 Schnittlauchhalme
Mehl für die Arbeitsfläche

Zubereitung

FÜR 4 PERSONEN

1 Beide Mehlsorten, 1 TL Salz und 125 bis 150 ml lauwarmes Wasser zu einem weichen Teig verrühren und zugedeckt etwa 20 Minuten quellen lassen.

2 Den Backofen auf 220 °C vorheizen. Ein Backblech mit Alufolie auslegen. Die Paprikaschoten der Länge nach vierteln, entkernen und mit der Hautseite nach oben auf das Blech legen. Die Paprika im Ofen auf der obersten Schiene 15 bis 20 Minuten garen, bis die Haut schwarze Blasen wirft. Die Paprika herausnehmen, mit einem feuchten Küchentuch abdecken und etwas abkühlen lassen. Die Haut abziehen, das Fruchtfleisch in Streifen schneiden und in eine Schüssel geben.

3 Die Zwiebel schälen, in Spalten schneiden, mit 1 TL Salz bestreuen und kurz ziehen lassen. Die Tomaten waschen und in dünne Spalten schneiden, dabei die Stielansätze entfernen. Die Zwiebelspalten abbrausen und abtropfen lassen. Mit den Tomaten zu den Paprikastreifen geben.

4 Für die Vinaigrette den Knoblauch schälen und in feine Würfel schneiden. Mit dem Olivenöl, dem Zitronensaft und der Brühe verrühren. Die Vinaigrette mit Salz und Pfeffer würzen und mit dem Gemüse vermischen.

5 Den Rucola verlesen, waschen und trocken schütteln, grobe Stiele entfernen. Den Schnittlauch waschen und trocken schütteln, die Halme nach Belieben halbieren.

6 Den Teig kurz durchkneten, in 8 Portionen teilen und jeweils zu Kugeln formen. Die Teigkugeln auf der bemehlten Arbeitsfläche zu dünnen Fladen (etwa 15 cm Durchmesser) ausrollen und in einer beschichteten Pfanne ohne Fett nacheinander auf beiden Seiten jeweils etwa 1 Minute backen. Die heißen Wraps zu Tüten drehen und das marinierte Gemüse mit dem Rucola und dem Schnittlauch hineinfüllen.

Asia-Röllchen
mit Tofu und Möhren

Zutaten

2 Möhren

ca. 150 g Knollensellerie

1 Mini-Salatgurke

150 g Tofu

8 große Salatblätter

(z. B. Chinakohl, Eisbergsalat)

Salz

ca. 2 TL Wasabi-Paste

(japan. Meerrettich)

Sojasauce zum Dippen

Zubereitung

FÜR 4 PERSONEN

1 Die Möhren und den Sellerie putzen, schälen und in dünne Streifen schneiden. Die Gurke waschen, längs halbieren, entkernen und ebenfalls in dünne Streifen schneiden. Den Tofu trocken tupfen und in dünne Scheiben schneiden. Die Salatblätter waschen, dickere Blattrippen mit dem Messer flach schneiden.

2 Die Möhren- und Selleriestreifen in kochendem Salzwasser kurz blanchieren. Die Gemüsestreifen auf ein Sieb abgießen, kalt abschrecken, abtropfen lassen und trocken tupfen.

3 Die Salatblätter am unteren Rand jeweils mit 1 bis 2 Scheiben Tofu belegen und mit etwas Wasabi bestreichen. Die Gurken-, Möhren- und Selleriestreifen darauflegen und die Salatblätter fest aufrollen. Die Asia-Röllchen halbieren und mit der Sojasauce servieren. Nach Belieben kann statt Tofu auch marinierter Mango-Curry-Tofu oder Sweet-Chili-Sauce anstatt Sojasauce verwendet werden.

Kichererbsen-Bällchen
mit Koriander und Tomaten

Zutaten

200 g getrocknete Kichererbsen
1 Scheibe Toast- oder Weißbrot
1 Zwiebel
2 – 3 Knoblauchzehen
1 kleines Bund Koriander
1/2 EL gemahlener Kreuzkümmel
Salz · Pfeffer aus der Mühle
2 EL Mehl · 1 TL Backpulver
1 EL Paniermehl
Öl zum Frittieren
1 rote Zwiebel
150 g Sojajoghurt
100 g Sojasahne
2 Tomaten

Zubereitung

FÜR 4 PERSONEN

1 Die Kichererbsen über Nacht in Wasser einweichen. Am nächsten Tag in ein Sieb abgießen. Das Brot in Wasser einweichen und ausdrücken. Zwiebel und Knoblauch schälen und in feine Würfel schneiden. Beides mit den Kichererbsen und dem Brot in den Küchenmixer geben.

2 Den Koriander waschen, trocken schütteln und die Blätter abzupfen. Die Hälfte beiseitelegen, den Rest mit Kreuzkümmel, etwa 2 TL Salz, Pfeffer und der Kichererbsenmasse pürieren. Das Mehl mit dem Backpulver mischen und mit dem Paniermehl unterrühren. Aus der Masse mit angefeuchteten Händen walnussgroße Bällchen formen. Das Öl in einem weiten Topf auf 170 °C erhitzen und die Bällchen darin etwa 5 Minuten frittieren, abtropfen lassen.

3 Für den Dip die rote Zwiebel schälen und in feine Würfel schneiden. Mit dem Sojajoghurt und der Sojasahne verrühren, mit Salz und Pfeffer würzen. Tomaten waschen, halbieren, entkernen und in Spalten schneiden. Den Dip mit dem beiseitegelegten Koriander und den Tomatenspalten in Gläser verteilen. Die Kichererbsen-Bällchen darauf anrichten.

Panierter Tofu
mit Frühlingszwiebelstreifen

Fein mariniert und mit ganz speziellen Brotbröseln paniert, werden Tofuwürfel zum Knusper- und Geschmackserlebnis erster Klasse

Zutaten

800 g Tofu
2 EL Sesamöl
2 EL Sojasauce
1 EL Sweet-Chili-Sauce
2 EL Speisestärke
ca. 100 g Panko (asiat. Paniermehl)
1 Frühlingszwiebel
Öl zum Frittieren

Zubereitung

FÜR 4 PERSONEN

1 Den Tofu in mundgerechte Würfel schneiden. Das Sesamöl mit der Sojasauce und der Chilisauce in einer Schüssel verrühren, die Tofuwürfel dazugeben und gut untermischen. Zugedeckt im Kühlschrank etwa 2 Stunden marinieren.

2 Die Speisestärke mit etwa 4 EL Wasser in einem tiefen Teller glatt rühren. Den Panko in einen tiefen Teller geben. Die marinierten Tofuwürfel in der Stärke wenden und mit dem Panko panieren. Die Frühlingszwiebel putzen, waschen und trocken tupfen. Den grünen Teil in feine Streifen schneiden, das Weiße anderweitig verwenden.

3 In einem weiten Topf reichlich Öl zum Frittieren erhitzen. Es ist heiß genug, wenn an einem hineingehaltenen Holzkochlöffelstiel kleine Bläschen aufsteigen. Den panierten Tofu portionsweise im Öl goldgelb frittieren. Mit dem Schaumlöffel herausheben und auf Küchenpapier gut abtropfen lassen.

4 Die Frühlingszwiebelstreifen ebenfalls kurz frittieren. Die Tofuwürfel auf Tellern anrichten und mit den Frühlingszwiebeln garniert servieren. Nach Belieben Sojasauce oder Chilisauce und Naanbrot (siehe S. 212) dazu reichen.

Tipp› Geben Sie die Tofuwürfel statt Schafskäse auf einen griechischen Bauernsalat. Für den Salat Gurken- und Paprikawürfel, Tomatenstücke sowie Oliven mischen und mit Vinaigrette beträufeln.

Maki-Röllchen
mit süßem Basilikum

Zutaten

1 Nori-Blatt

1 Stück Salatgurke (ca. 8 cm)

20 Thai-Basilikumblätter

ca. 150 g gegarter Sushi-Reis (siehe rechts)

1 EL Wasabi-Paste (japan. Meerrettich)

Zubereitung

FÜR 12 STÜCK

1 Das Nori-Blatt halbieren. Die Gurke schälen, längs halbieren, entkernen und der Länge nach in sehr feine Streifen schneiden. Das Basilikum waschen und trocken tupfen.

2 Eine Nori-Blatthälfte auf die Sushi-Rollmatte legen. Die Hälfte des Sushi-Reises mit angefeuchteten Händen darauf verteilen, dabei am oberen Rand etwa 1 cm frei lassen.

3 Etwas Wasabi als Streifen mittig quer auf den Reis tupfen. Die Hälfte der Gurkenstreifen darauflegen. Dann die Hälfte der Basilikumblätter darauf verteilen, dabei einige Blattspitzen rechts und links am Rand überstehen lassen. Das Nori-Blatt mithilfe der Rollmatte aufrollen. Die andere Nori-Blatthälfte ebenso füllen und rollen.

4 Die Sushi-Rollen jeweils in 6 gleich große Stücke schneiden und nach Belieben mit dunklen Sesamsamen bestreuen. Als Variante schmeckt blanchierter Spinat mit Sesam und Sesampaste als Füllung auch sehr gut in den Röllchen.

Sushi-Röllchen
mit Gemüse und Tofu

Zutaten

175 g Sushi-Reis
2 EL Reisessig
1 TL Zucker · Salz
1 TL Öl
70 g Tofu
je 1 Stück Salatgurke und roter Rettich (ca. 10 cm)
einige Blätter Endiviensalat
4 Nori-Blätter
1–2 TL Wasabi-Paste (japan. Meerrettich)
Sojasauce zum Dippen

Zubereitung

FÜR 4 PERSONEN

1 Den Reis waschen, bis das Wasser klar abläuft. Mit 200 ml Wasser in einem Topf aufkochen und zugedeckt bei schwacher Hitze etwa 20 Minuten quellen lassen, dabei ein Blatt Küchenpapier zwischen Topf und Deckel klemmen. Den Essig und je 1 TL Zucker und Salz verrühren. Den heißen Reis in eine Schüssel geben und die Essigmischung sofort mit Stäbchen untermischen.

2 Das Öl in einer Pfanne erhitzen und den Tofu darin rundum anbraten. Herausnehmen, mit Salz würzen und in feine Streifen schneiden. Die Gurke und den Rettich schälen, Gurke entkernen und beides in dünne Streifen schneiden. Die Salatblätter waschen, trocken tupfen und klein zupfen.

3 Die Nori-Blätter halbieren und mit angefeuchteten Händen jeweils im mittleren Drittel mit Reis belegen. Wasabi-Paste dünn daraufstreichen, die Gemüse- und Tofustreifen und die Salatblätter quer auf die Reismitte legen, sodass sie rechts über den Rand hinausragen. Die untere linke Nori-Blattecke über die Füllung legen und das Nori-Blatt tütenförmig aufrollen. Mit der Sojasauce servieren.

Runzelkartoffeln
mit Salz und Tomatensalsa

Veganes aus Spanien: Werden Kartoffeln in Wasser mit viel Salz gegart, kommen sie in ihrer Heimat als »Papas arrugadas« auf den Tisch

Zutaten

Für die Kartoffeln:

2 kg kleine festkochende Kartoffeln

500 g grobes Meersalz

Für die Salsa:

6 Tomaten

1 rote Zwiebel

4 Stiele Petersilie

1–2 EL Zitronensaft

3 EL Olivenöl

Salz · Pfeffer aus der Mühle

Zubereitung

FÜR 10 STÜCK

1 Für die Kartoffeln die Kartoffeln mit der Schale gründlich waschen und in einen Topf geben. So viel kaltes Wasser angießen, dass die Kartoffeln bedeckt sind. Das Salz dazugeben, aufkochen und die Kartoffeln 20 bis 25 Minuten garen.

2 Für die Salsa die Tomaten waschen, vierteln und entkernen, dabei die Stielansätze entfernen. Die Tomatenviertel in kleine Würfel schneiden. Die Zwiebel schälen und in feine Würfel schneiden. Die Petersilie waschen, trocken schütteln, die Blätter abzupfen und fein hacken.

3 Tomaten, Zwiebel und Petersilie mit Zitronensaft und Olivenöl mischen und mit Salz und Pfeffer würzen.

4 Die Kartoffeln abgießen und auf dem Herd ausdampfen lassen, bis sich eine Salzkruste auf den Kartoffelschalen gebildet hat. Die Runzelkartoffeln mit der Tomatensalsa servieren.

Tipp› Schmeckt auch sehr gut mit kleinen Bataten (Süßkartoffeln). Dann noch 1 fein gehackte Chilischote unter die Salsa mischen und die Petersilie durch frischen Koriander ersetzen.

Frühlingsrollen
mit Tofu, Gemüse und Pilzen

Die beliebten Röllchen der asiatischen Küche eignen sich perfekt zum Füllen mit Gemüse aller Art – Fleisch wird garantiert keiner vermissen

Zutaten

8 Blätter Frühlingsrollen-Teig (à ca. 20 x 20 cm; tiefgekühlt)
200 g Tofu
3–4 EL Sojasauce
2 Möhren
100 g Zuckerschoten
2 Frühlingszwiebeln
1 walnussgroßes Stück Ingwer
1 Knoblauchzehe
1 Chilischote
80 g Sojabohnensprossen
80 g Mu-Err-Pilze (aus dem Glas)
2 EL Öl
Öl zum Frittieren

Zubereitung

FÜR 4 PERSONEN

1 Die Teigblätter nebeneinanderlegen und auftauen lassen. Den Tofu in kleine Würfel schneiden, in einer Schüssel mit der Sojasauce mischen und ziehen lassen.

2 Die Möhren putzen und schälen, die Zuckerschoten und die Frühlingszwiebeln putzen und waschen. Das Gemüse in feine Streifen schneiden. Den Ingwer und den Knoblauch schälen und in feine Würfel schneiden. Die Chilischote längs halbieren, entkernen, waschen und in feine Streifen schneiden. Die Sprossen in ein Sieb geben, mit kochend heißem Wasser übergießen und abtropfen lassen. Die Pilze abtropfen lassen und in Streifen schneiden.

3 Das Öl im Wok erhitzen und die Möhren und Zuckerschoten darin etwa 1 Minute braten. Den Tofu, die Frühlingszwiebeln, Ingwer, Knoblauch und Chili dazugeben und unter Rühren 1 Minute mitbraten. Sprossen und Pilze unter das Gemüse mischen. Mit Sojasauce abschmecken, 1 EL Sojaöl unterrühren, beiseitestellen und abkühlen lassen.

4 Je 1 Teigblatt mit einer Ecke nach oben auf die Arbeitsfläche legen und etwa 2 EL Tofu-Gemüse-Mischung auf die untere Blattspitze setzen. Die beiden oberen Teigränder mit etwas Wasser bestreichen. Die untere Ecke über die Füllung schlagen und die Seitenränder links und rechts darüberklappen. Das Teigblatt von unten nach oben fest aufrollen und das Ende andrücken.

5 Reichlich Öl im Wok oder einem weiten Topf erhitzen. Die Frühlingsrollen darin portionsweise etwa 5 Minuten rundum goldbraun frittieren. Herausnehmen, auf Küchenpapier abtropfen lassen und nach Belieben mit einem Dip, z. B. süßer Chilisauce, servieren. Anstelle des Tofus kann auch in Streifen geschnittener Seitan für die Füllung verwendet werden.

Kohlrabi-Carpaccio
mit Orangen und Rucola

Zutaten

2 Kohlrabi · Salz

2 Handvoll Rucola

1 Bio-Limette

2 Orangen (davon 1 Bio)

2 EL Olivenöl

1 rote Chilischote

Mark von 1/2 Vanilleschote

Pfeffer aus der Mühle

Zucker

Zubereitung

FÜR 4 PERSONEN

1 Die Kohlrabi putzen, schälen und in sehr dünne Scheiben schneiden, mit 1 TL Salz bestreuen und ziehen lassen. Rucola verlesen, waschen und trocken schleudern, grobe Stiele entfernen.

2 Die Limette und die Bio-Orange heiß waschen, trocken reiben und jeweils 1 EL Schale in feinen Streifen abziehen. Beide Orangen so großzügig schälen, dass auch die weiße Haut mit entfernt wird. Die Filets aus den Trennhäuten schneiden, dabei den Saft auffangen. Die Limette und die Orangenreste auspressen.

3 Den Limetten- und Orangensaft mit dem Olivenöl verrühren. Die Chilischote putzen, waschen, in Ringe schneiden und nach Belieben entkernen. Die Vanille und die Chili zur Zitrusvinaigrette geben und mit Salz, Pfeffer und etwa 1/2 TL Zucker würzen.

4 Den gesalzenen Kohlrabi abbrausen und trocken tupfen. Mit den Orangenfilets und dem Rucola auf Tellern anrichten. Mit der Vinaigrette beträufeln und die Limetten- und Orangenzesten darüberstreuen. Nach Belieben das Carpaccio mit Grissini (siehe S. 208) servieren.

Artischocken
mit Kräuter-Vinaigrette

Zutaten

1 Bio-Zitrone
4 Artischocken · Salz
75 g Macadamianüsse
1/2 – 1 Bund gemischte Kräuter (z. B. Petersilie, Basilikum, Kerbel, Minze)
4 EL Sherryessig
Pfeffer aus der Mühle
80 ml Olivenöl
1 rote Zwiebel

Zubereitung

FÜR 4 PERSONEN

1 Die Zitrone heiß waschen und in Scheiben schneiden. Die Artischocken waschen, die Stiele abschneiden und die unteren, trockenen Blätter entfernen. Die Blattspitzen mit einer Schere abschneiden.

2 Die Artischocken mit der Zitrone in einen weiten Topf setzen und so viel Salzwasser angießen, dass das Gemüse eben bedeckt ist. Zum Kochen bringen und die Artischocken zugedeckt bei schwacher Hitze 35 bis 40 Minuten garen, bis sich die Blätter leicht ablösen lassen.

3 Die Macadamianüsse grob hacken. Die Kräuter waschen und trocken schütteln, die Blätter abzupfen und fein hacken.

4 Den Essig mit etwas Salz und Pfeffer würzen, nach und nach das Olivenöl unterschlagen. Die Zwiebel schälen und in feine Würfel schneiden. Nüsse, Kräuter und Zwiebelwürfel unter die Vinaigrette mischen. Die Artischocken aus dem Topf heben, gut abtropfen lassen und mit der Kräuter-Vinaigrette servieren. Die Vinaigrette passt auch hervorragend zu aromatischem Ofengemüse.

Buntes Gemüse
mit Tofu und Austernpilzen

Gewusst wie! Raffiniert gewürzt mit Ingwer, Knoblauch und Co., wird aus dem zurückhaltenden Tofu ein echter Leckerbissen

Zutaten

100 g kleine rote Schalotten
150 g Austernpilze
100 g Zuckerschoten
2 Handvoll Sojabohnensprossen
100 g Mini-Maiskolben
2 Knoblauchzehen
1 walnussgroßes Stück Ingwer
200 g Tofu
3 EL Öl
1 EL Sesamöl
3 EL Limettensaft
3–4 EL helle Sojasauce

Zubereitung

FÜR 4 PERSONEN

1 Die Schalotten schälen und je nach Größe halbieren oder ganz lassen. Die Austernpilze putzen, trocken abreiben und in mundgerechte Stücke schneiden. Die Zuckerschoten putzen, waschen und halbieren. Die Sojabohnensprossen in ein Sieb geben, mit kochend heißem Wasser übergießen und abtropfen lassen. Die Mini-Maiskolben waschen und in Stücke schneiden. Den Knoblauch und den Ingwer schälen und in feine Würfel schneiden. Den Tofu trocken tupfen und in Streifen schneiden.

2 Das Öl in einer Pfanne oder im Wok erhitzen, den Tofu darin bei starker Hitze 1 bis 2 Minuten anbraten und wieder herausnehmen. Den Mini-Mais in der Pfanne anbraten. Dann die Schalotten und die Pilze mit dem Knoblauch und dem Ingwer dazugeben und unter Rühren 2 Minuten braten und zum Schluss das Sesamöl unterrühren.

3 Den Limettensaft, die Sojasauce und 50 ml Wasser hinzufügen und alles einmal aufkochen lassen. Die Zuckerschoten und die Sojasprossen unterrühren. Die Tofustreifen in die Gemüsepfanne geben und kurz darin erhitzen. Nach Belieben mit Salz und Pfeffer abschmecken und sofort servieren.

Tipp› Tofu wird im Fermentationsprozess aus weißem Sojabohnenteig hergestellt und liefert erstklassiges Eiweiß. Kombiniert mit Kräutern und Gewürzen, bietet er eine große Geschmacksvielfalt.

Sommergemüse
mit mediterranen Kräutern

Zutaten

3 kleine Zucchini (ca. 400 g)

2 Tomaten

1 weiße Gemüsezwiebel

2 Knoblauchzehen

3 Zweige Thymian

1 kleiner Zweig Rosmarin

1 Stiel Salbei

2 EL Olivenöl

100 ml trockener Weißwein

100 ml Gemüsebrühe

grobes Meersalz

Pfeffer aus der Mühle

Zubereitung

FÜR 4 PERSONEN

1 Die Zucchini putzen, waschen und auf der Gemüsereibe in dünne Streifen schneiden. Die Tomaten kreuzweise einritzen, überbrühen, häuten und in Spalten schneiden.

2 Die Zwiebel und den Knoblauch schälen. Die Zwiebel in dünne Streifen und den Knoblauch in feine Würfel schneiden. Die Kräuter waschen und trocken schütteln, die Blätter bzw. Nadeln abzupfen und – bis auf einige für die Deko – fein hacken.

3 Das Olivenöl in einer weiten Pfanne erhitzen und die Zwiebel und den Knoblauch darin bei schwacher bis mittlerer Hitze 1 bis 3 Minuten andünsten. Die Zucchinistreifen hinzufügen und 2 Minuten mitdünsten. Den Wein und die Brühe hinzugießen, das Gemüse weitere 2 Minuten dünsten. Die gehackten Kräuter untermischen und alles mit Salz und Pfeffer würzen.

4 Das Zucchinigemüse mit den Tomatenspalten anrichten. Etwas Salz und Pfeffer über die Tomaten streuen und mit den beiseitegelegten Kräutern garnieren. Die Sauce kann mit 2 EL Kapern auch zu Penne serviert werden.

Gebackener Fenchel
mit pikantem Tomatensugo

Zutaten

1 Zwiebel · 1 Knoblauchzehe
1 haselnussgroßes Stück Ingwer
1/2 rote Chilischote · 1 EL Olivenöl
Zucker · 3 EL Orangensaft
1 Dose stückige Tomaten
(240 g Abtropfgewicht)
ca. 2 EL helle Sojasauce
Pfeffer aus der Mühle
4 Handvoll Salatblätter oder
junges Blattgemüse
(z. B. Mangold, Spinat)
4 Fenchelknollen
150 g Mehl · 1 EL Paniermehl
1 TL Salz · 1/2 TL Backpulver
Öl zum Frittieren

Zubereitung

FÜR 4 PERSONEN

1 Für den Teig 200 ml Wasser 20 Minuten ins Tiefkühlfach stellen. Inzwischen für den Sugo Zwiebel, Knoblauch und Ingwer schälen und in feine Würfel schneiden. Die Chilischote entkernen, waschen und in feine Würfel schneiden.

2 Das Olivenöl in einem Topf erhitzen und Zwiebel, Knoblauch, Ingwer und Chili darin andünsten. Mit 1/2 TL Zucker bestreuen, den Orangensaft und die Tomaten dazugeben und den Sugo 3 bis 6 Minuten einköcheln lassen. Mit der Sojasauce und Pfeffer kräftig würzen.

3 Die Salatblätter putzen, waschen und trocken schleudern. Den Fenchel putzen, waschen und in die einzelnen Segmente teilen. Das Mehl mit dem Paniermehl, Salz, 2 Prisen Zucker und dem Backpulver mischen. Das Eiswasser rasch mit der Mehlmischung zu einem dünnflüssigen Teig verrühren.

4 Das Öl in einem Topf erhitzen. Die Fenchelstücke durch den Teig ziehen und portionsweise im Öl 3 bis 5 Minuten rundum goldbraun frittieren. Auf Küchenpapier abtropfen lassen und mit den Salatblättern und dem Tomatensugo warm oder kalt servieren.

Gemüsetürmchen
mit Aubergine

Wunderschön anzusehen: Dieses Gericht mit mediterranen Kräutern und fruchtiger Tomate gibt Sommer-Sonne-Strand-Feeling satt

Zutaten

5 EL Olivenöl
1 EL Zitronensaft
Salz
2 Knoblauchzehen
1 EL gehackte Kräuter (z. B. Rosmarin, Thymian, Basilikum, Salbei)
1 rote Paprikaschote
1 Aubergine
1 Zucchino
1 große Süßkartoffel (ca. 350 g)
1 Gemüsezwiebel
1 Ochsenherztomate
4 dünne Brotscheiben

Zubereitung

FÜR 4 PERSONEN

1 Für die Marinade das Olivenöl mit dem Zitronensaft und etwas Salz verrühren. Den Knoblauch schälen und dazupressen. Dann die Kräuter hinzufügen.

2 Die Paprikaschote längs halbieren, entkernen und waschen. Aubergine und Zucchino putzen und waschen, die Süßkartoffel und die Gemüsezwiebel schälen. Alles in Scheiben schneiden und portionsweise auf dem Grill auf beiden Seiten grillen (ersatzweise in einer Grillpfanne in wenig Öl braten). In einer flachen Schale mit der Marinade beträufelt gut 30 Minuten ziehen lassen.

3 Die Tomate waschen und in Scheiben schneiden, dabei den Stielansatz entfernen. Die Brotscheiben rösten und halbieren oder vierteln.

4 Das Gemüse und die Brotstücke auf Tellern zu Türmchen aufschichten und nach Belieben mit gerösteten Pinienkernen und frittierten Salbeiblättern garniert servieren.

Tipp› Ochsenherztomaten sind zwar weltweit verbreitet, in Deutschland aber dennoch relativ wenig gehandelt. Sie sind bis zu 500 Gramm schwer, stark gerippt, sehr fleischig und meist hellrot.

Glasierte Süßkartoffeln
mit roten Zwiebeln und Ahornsirup

Zweimal süß, einmal scharf: Die süße Knolle harmoniert wunderbar mit den leicht scharfen roten Zwiebeln und dem Saft des Zucker-Ahorns

Zutaten

800 g Süßkartoffeln
Salz
6 rote Zwiebeln
4 EL Öl
Pfeffer aus der Mühle
2 – 3 EL Ahornsirup

Zubereitung

FÜR 4 PERSONEN

1 Die Süßkartoffeln mit der Schale gründlich waschen und in Salzwasser etwa 15 Minuten nicht ganz gar kochen. Die Süßkartoffeln abgießen, ausdampfen lassen und möglichst heiß pellen. In dicke Scheiben oder Stücke schneiden.

2 Die Zwiebeln schälen und je nach Größe längs halbieren oder vierteln. Das Öl in einer großen Pfanne erhitzen und die Süßkartoffeln darin bei starker Hitze 2 bis 3 Minuten rundum kross anbraten.

3 Die Zwiebeln auf den Schnittflächen mit in die Pfanne legen und ebenfalls anbraten. Die Süßkartoffeln und die Zwiebeln bei mittlerer Hitze etwa 10 Minuten unter gelegentlichem Schwenken braten. Mit Salz und Pfeffer würzen.

4 Den Ahornsirup darüberträufeln, gut mit den Süßkartoffeln und den Zwiebeln mischen und kurz karamellisieren. Das Gemüse abschmecken und sofort auf einer vorgewärmten Platte servieren.

Tipp› Die Süßkartoffel ist botanisch nicht mit der Kartoffel verwandt, aber nicht minder gesund. Sie enthält sogar wesentlich mehr Vitamin A und C – nämlich fast doppelt so viel wie die klassische Kartoffel.

Lupinenquark
im Backteig mit Rotkohl

Zutaten

800 g Rotkohl (aus dem Glas)
$1/2$ TL Thymian
1 EL Apfelmus
200 g Kichererbsenmehl
$1/2$ TL gemahlener Kreuzkümmel
$1/2$ TL gemahlener Koriander
$1/2$ TL gemahlene Kurkuma
$1/2$ TL Chilipulver
Salz
ca. 1 l Öl zum Frittieren
200 g Lopino (Lupinenquark; natur)

Zubereitung

FÜR 4 PERSONEN

1 Den Rotkohl in einem Topf zugedeckt bei schwacher Hitze erwärmen, $1/2$ TL Thymian und 1 EL Apfelmus untermischen. Bei Bedarf etwas Wasser hinzufügen und gelegentlich umrühren.

2 Inzwischen für den Backteig das Kichererbsenmehl in einer Schüssel mit dem Kreuzkümmel, Koriander, Kurkuma, Chilipulver und 1 TL Salz mischen. Unter Rühren etwa $1/4$ l kaltes Wasser dazugießen, bis ein glatter, dickflüssiger Teig entstanden ist.

3 Das Öl in einem großen Topf erhitzen. Es ist heiß genug, wenn sich an einem hineingehaltenen Holzlöffelstiel Blasen bilden. Den Lopino in Streifen schneiden, durch den Kichererbsenteig ziehen und im Öl rundum goldbraun ausbacken. Herausnehmen und auf Küchenpapier abtropfen lassen.

4 Den Rotkohl mit Salz abschmecken und auf Teller verteilen. Den ausgebackenen Lopino daraufsetzen und nach Belieben mit Thymian garniert servieren.

Champignon-Lopino-Bällchen
mit Sonnenblumenkernen

Zutaten

50 g Sonnenblumenkerne
2 Frühlingszwiebeln
200 g Champignons
400 g Lopino (Lupinenquark; natur)
2 EL gehackte Petersilie
200 g Seidentofu
50 g Haferflocken
2 – 3 EL Mehl
Salz · Pfeffer aus der Mühle
2 EL Öl

Zubereitung

FÜR 4 PERSONEN

1 Die Sonnenblumenkerne in einer Pfanne ohne Fett rösten, beiseitestellen und abkühlen lassen. Die Frühlingszwiebeln putzen, waschen und in Ringe schneiden. Die Champignons putzen, falls nötig, trocken abreiben und in kleine Würfel schneiden.

2 Den Lopino auf der Gemüsereibe fein raspeln und in einer Schüssel mit Sonnenblumenkernen, Frühlingszwiebeln, Pilzen, Petersilie, Seidentofu, Haferflocken und Mehl mischen.

3 Die Mischung etwa 15 Minuten ziehen lassen. Falls nötig, noch Mehl oder etwas Wasser dazugeben, sodass eine gut formbare Masse entsteht. Mit Salz und Pfeffer würzen. Aus der Masse mit angefeuchteten Händen 12 bis 16 Bällchen formen und etwas flach drücken.

4 Das Öl in einer Pfanne erhitzen und die Champignon-Lupino-Bällchen darin portionsweise bei mittlerer Hitze rundum goldbraun braten. Dazu schmeckt ein gemischter Salat oder eine Mangosalsa (siehe S. 27).

Salate & Suppen

Reisnudelsalat
mit grünen Bohnen

Wenn ein Salat so hübsch arrangiert daherkommt, geraten selbst Feinschmecker aus Vorfreude in Verzückung

Zutaten

350 g dünne Reisnudeln
Salz
300 g grüne Bohnen
2 rote Zwiebeln
200 g Honigmelone
1 – 2 EL Reisessig
3 – 4 helle Sojasauce
1/2 TL brauner Zucker
2 EL Erdnussöl
1 TL Sesamöl
1 – 2 TL Limettensaft
Chiliflocken
2 EL geröstete Erdnüsse
einige Korianderblätter

Zubereitung

FÜR 4 PERSONEN

1 Die Reisnudeln mit kochendem Salzwasser übergießen und etwa 10 Minuten quellen lassen. In ein Sieb abgießen, kalt abschrecken und gut abtropfen lassen. Die Nudeln nach Belieben mit einer Schere etwas kürzer schneiden.

2 Die Bohnen putzen, waschen und in kochendem Salzwasser etwa 8 Minuten bissfest garen. In ein Sieb abgießen, kalt abschrecken, abtropfen lassen und schräg halbieren oder dritteln. Die Zwiebeln schälen, halbieren und in feine Streifen schneiden. Die Melone schälen, entkernen und in feine Scheiben schneiden.

3 Für das Dressing den Essig mit der Sojasauce, dem Zucker und den beiden Ölen verrühren und mit Limettensaft und Chiliflocken abschmecken. Alle vorbereiteten Salatzutaten gut mit dem Dressing mischen und den Salat auf Schälchen verteilen.

4 Die Erdnüsse grob hacken. Den Koriander waschen und trocken tupfen. Den Reisnudelsalat mit Erdnüssen und Koriander garniert servieren.

Tipp› Noch authentischer wird der Salat, wenn Sie ihn mit grünen Schlangenbohnen (aus dem Asialaden) zubereiten. Alternativ können Sie auch Keniabohnen oder Thai-Spargel verwenden.

Fenchel-Orangen-Salat
mit Staudensellerie

Zutaten

4 Orangen

2 kleine Fenchelknollen

2 kleine Stangen Staudensellerie

2 Frühlingszwiebeln

4–5 EL Olivenöl

Salz · Pfeffer aus der Mühle

Zubereitung

FÜR 4 PERSONEN

1 Die Orangen mit einem scharfen Messer so großzügig schälen, dass auch die weiße Haut mit entfernt wird. Die Fruchtfilets aus den Trennhäuten schneiden und beiseitelegen. Den dabei austretenden Saft auffangen. Die Orangenreste ausdrücken.

2 Den Fenchel putzen, waschen und auf dem Gemüsehobel in feine Ringe hobeln. Den Sellerie und die Frühlingszwiebeln putzen, waschen und in Scheiben bzw. feine Ringe schneiden.

3 Die Orangenfilets mit dem Fenchel, dem Sellerie und den Frühlingszwiebeln in eine Schüssel geben. Das Olivenöl mit dem Orangensaft verrühren und mit Salz und Pfeffer würzen. Den Salat damit marinieren, in Schälchen anrichten und etwas Pfeffer grob darübermahlen. Nach Belieben können Sie für einen gehaltvolleren Salat auch noch 200 g gekochten Bulgur und 1 EL gehackten Estragon unter den Salat mischen.

Radicchio-Birnen-Salat
mit Brunnenkresse

Zutaten

1 kleiner Radicchio
60 g Brunnenkresse
2 Birnen
2 EL Zitronensaft
50 g geschälte Haselnusskerne
4 EL Weißweinessig
1 TL Dijon-Senf
1/2 TL Zucker
3 EL Gemüsebrühe
Salz · Pfeffer aus der Mühle
4 EL Olivenöl

Zubereitung

FÜR 4 PERSONEN

1 Den Radicchio putzen, waschen und trocken schleudern, die Blätter in mundgerechte Stücke zupfen. Die Brunnenkresse verlesen, waschen und trocken schütteln. Die Birnen waschen, halbieren und entkernen. Die Birnenhälften der Länge nach in Spalten schneiden und mit Zitronensaft beträufeln.

2 Die Haselnüsse grob hacken und in einer Pfanne ohne Fett goldbraun anrösten. Die Nüsse herausnehmen und abkühlen lassen.

3 Für das Dressing den Essig mit dem Senf, dem Zucker und der Brühe verrühren, mit Salz und Pfeffer würzen. Nach und nach das Olivenöl unterschlagen und die Haselnüsse dazugeben.

4 Die vorbereiteten Zutaten in einer Schüssel mit der Vinaigrette mischen und kurz ziehen lassen. Den Radicchio-Birnen-Salat in Schälchen anrichten und servieren. Dazu passen geröstete Croûtons aus italienischem Weißbrot oder auch Vollkornbrot. Wer es etwas feiner mag, kann auch dünn gebackene Topinamburchips zu dem Salat reichen.

Griechischer Bohnensalat
mit Tomaten und Oliven

Ob Grillfest oder Gartenparty – dieser köstliche Sommersalat ist ein willkommener Gast auf jedem Büfett und ideal fürs Picknick

Zutaten

200 g getrocknete dicke weiße Bohnen
2 Frühlingszwiebeln
4 Tomaten
40 g schwarze Oliven (ohne Stein)
1/2 Handvoll Petersilie
1/2 Handvoll Minze
1/2 Handvoll Dill
50 ml Balsamico bianco
Salz · Pfeffer aus der Mühle
gemahlener Kreuzkümmel
5 EL Olivenöl

Zubereitung

FÜR 4 PERSONEN

1 Die Bohnen über Nacht in reichlich kaltem, ungesalzenem Wasser einweichen. Am nächsten Tag die Bohnen abgießen und in frischem Wasser etwa 45 Minuten gar kochen, sie sollten noch etwas Biss haben. Die Bohnen in ein Sieb abgießen, abtropfen und abkühlen lassen.

2 Die Frühlingszwiebeln putzen, waschen und schräg in feine Ringe schneiden. Die Tomaten waschen, vierteln und entkernen, dabei die Stielansätze entfernen. Das Fruchtfleisch in kleine Würfel schneiden. Die Oliven in Streifen schneiden. Die Kräuter waschen und trocken schütteln. Die Blätter bzw. Spitzen abzupfen und fein hacken.

3 Die Bohnen, die Frühlingszwiebeln, die Tomatenwürfel und die Olivenstreifen mit den Kräutern in einer Schüssel mischen. Den Essig mit Salz, Pfeffer und 1 Prise Kreuzkümmel verrühren. Das Olivenöl unterschlagen, das Dressing abschmecken und unter den Salat mischen. Den Bohnensalat vor dem Servieren 30 Minuten ziehen lassen.

Tipp› Wenn es einmal schnell gehen muss, kann man für diesen sommerlichen Salat natürlich auch 400 g dicke weiße Bohnen oder Riesenbohnen aus der Dose verwenden.

Kartoffelsalat
mit Sprossen

Zutaten

700 g kleine festkochende Kartoffeln · Salz
100 g gemischte Sprossen (z. B. Alfalfa-, Radieschensprossen)
1 Bio-Zitrone
2 EL Weißweinessig
1 EL Reissirup
1/2 TL scharfer Senf
2 TL geriebener Meerrettich (frisch oder aus dem Glas)
Pfeffer aus der Mühle
5 EL Traubenkernöl
1 Bund Koriander
2 Frühlingszwiebeln
1 Romana-Salatherz

Zubereitung

FÜR 4 PERSONEN

1 Die Kartoffeln waschen und mit der Schale in Salzwasser nicht zu weich garen. Abgießen, kurz ausdampfen lassen, pellen und längs halbieren oder in Spalten schneiden.

2 Die Sprossen heiß abbrausen und abtropfen lassen. Für die Marinade die Zitrone heiß waschen, trocken reiben und etwas Schale fein abreiben. Den Saft auspressen. Die Zitronenschale und den -saft mit Essig, Reissirup, Senf, Meerrettich, etwas Salz und Pfeffer verrühren, nach und nach das Öl unterschlagen.

3 Den Koriander waschen, trocken schütteln und die Blätter abzupfen. Die Frühlingszwiebeln putzen und waschen. Das Weiße in Stücke, das Grün in feine Ringe schneiden. Die Kartoffeln, die Sprossen, den Koriander und die Frühlingszwiebeln in eine Schüssel geben und mit der Marinade mischen. Den Kartoffelsalat nochmals mit Salz und Pfeffer abschmecken und etwa 20 Minuten ziehen lassen.

4 Zum Servieren den Romanasalat waschen, in die einzelnen Blätter teilen und trocken tupfen. Die Salatblätter auf Schälchen verteilen und den Kartoffelsalat darauf anrichten.

Nudelsalat
mit Paprika

Zutaten

250 g Farfalle · Salz
je 1 rote und gelbe Paprikaschote
2 Stangen Staudensellerie
150 g kleine Champignons
4 EL Weißweinessig
1 TL Dijon-Senf
Pfeffer aus der Mühle
5 EL Olivenöl
1–2 Knoblauchzehen
1 EL Kapern
1 EL gehackte Petersilie
je 1 EL schwarze und
grüne Oliven (ohne Stein)

Zubereitung

FÜR 4 PERSONEN

1 Die Farfalle nach Packungsanweisung in reichlich kochendem Salzwasser bissfest garen. In ein Sieb abgießen, kalt abschrecken und abtropfen lassen.

2 Die Paprikaschoten längs halbieren, entkernen, waschen und in Streifen schneiden. Den Sellerie putzen, waschen und in Scheiben schneiden. Die Champignons putzen, trocken abreiben und je nach Größe halbieren oder vierteln.

3 Für die Marinade den Essig und den Senf in einer kleinen Schüssel mit Salz und Pfeffer verrühren, nach und nach das Olivenöl unterschlagen. Den Knoblauch schälen, in feine Würfel schneiden und mit den Kapern und der Petersilie unter die Marinade rühren.

4 Die Oliven in dünne Ringe schneiden. Die Farfalle, die Paprikaschoten, die Pilze und die Oliven in einer Schüssel mit der Marinade mischen. Den Salat vor dem Servieren etwa 30 Minuten ziehen lassen.

Couscous-Salat
mit Gemüse und Petersilie

Schnelle Küche aus Afrika: Vor Kurzem hierzulande fast noch unbekannt, hat sich Tabouleh inzwischen zu einem unserer Lieblingsexoten gemausert

Zutaten

200 g Instant-Couscous · Salz
1 gelbe Paprikaschote
2 Tomaten
2 Frühlingszwiebeln
1 rote Zwiebel
3 Knoblauchzehen
1 Bund Petersilie
1 TL gemahlener Koriander
Pfeffer aus der Mühle
3 EL Weißweinessig
4 EL Olivenöl
4 Stiele Minze oder Basilikum für die Deko

Zubereitung

FÜR 4 PERSONEN

1 Den Couscous in einer Schüssel mit 200 ml kochendem Salzwasser übergießen und 5 Minuten quellen lassen. Dann den Couscous mit einer Gabel auflockern und abkühlen lassen.

2 Die Paprikaschote längs halbieren, entkernen, waschen und in sehr kleine Würfel schneiden. Die Tomaten waschen, halbieren und entkernen, dabei die Stielansätze entfernen. Das Fruchtfleisch in kleine Würfel schneiden. Die Frühlingszwiebeln putzen, waschen und in feine Ringe schneiden. Die Zwiebel schälen und in feine Streifen schneiden. Den Knoblauch schälen und in feine Würfel schneiden. Die Petersilie waschen und trocken schütteln, die Blätter abzupfen und fein hacken.

3 Das Gemüse mit Zwiebel, Knoblauch und Petersilie in eine Schüssel geben und mit Koriander, etwas Salz und Pfeffer würzen. Den Essig, das Olivenöl und den Couscous untermischen und den Salat auf Gläser verteilen. Die Kräuter waschen, trocken schütteln und den Salat damit garnieren. Nach Belieben Fladenbrot dazu servieren.

Tipp› Tabouleh ist sehr wandlungsfähig: Probieren Sie eine kreolische Variante mit Mangowürfeln und Kokos. Super aromatisch wird Couscous, wenn Sie ihn mit stark gewürzter Brühe oder Tee übergießen.

Bohnensalat
mit Rucola und Fenchel

Sommerlich-frisch und gar nicht langweilig: Bohnen kommen jetzt am liebsten italienisch auf den Tisch – la dolce vita mit Biss!

Zutaten

200 g getrocknete Borlotti-Bohnen (ersatzweise 500 g Bohnen aus der Dose)
1 Fenchelknolle
2 rote Zwiebeln
2 rote Paprikaschoten
2 Handvoll Rucola
2 EL Kapern
4 EL Olivenöl
Meersalz
Pfeffer aus der Mühle
1/2 TL Zucker
2 Knoblauchzehen
3 EL Zitronensaft

Zubereitung

FÜR 4 PERSONEN

1 Die Bohnen mindestens 12 Stunden – am besten über Nacht – in reichlich kaltem Wasser einweichen. Am nächsten Tag das Einweichwasser wegschütten und die Bohnen in einem Topf in kochendem Wasser 25 bis 35 Minuten bissfest garen.

2 Den Fenchel putzen, waschen und der Länge nach in feine Scheiben schneiden oder hobeln. Die Zwiebeln schälen und in feine Würfel schneiden. Die Paprika längs halbieren, entkernen, waschen und in dünne Streifen schneiden. Den Rucola verlesen, waschen und trocken schleudern, grobe Stiele entfernen. Den Rucola – bis auf einige Blätter für die Deko – grob hacken. Fenchel, Zwiebeln, Paprika und Rucola in eine Schüssel geben. Die Bohnen in ein Sieb abgießen, abtropfen lassen und unter die restlichen Zutaten in die Schüssel mischen.

3 Für die Marinade die Kapern mit dem Olivenöl, 1 TL Meersalz, etwas Pfeffer und dem Zucker vermischen. Den Knoblauch schälen und dazupressen. Den Zitronensaft unterrühren. Die Marinade unter den Bohnensalat mischen. Den Salat nochmals abschmecken und mit den restlichen Rucolablättern anrichten.

Tipp› Der Bohnensalat schmeckt noch aromatischer, wenn man ihn einige Stunden ziehen lässt. Dann sollten Sie den Rucola jedoch erst kurz vor dem Servieren untermischen.

Spargelsalat
mit Avocado und Croûtons

Zutaten

1 kg weißer Spargel

Salz

Zucker

2 Scheiben Toastbrot

6 EL Olivenöl

2 Tomaten

1 Avocado

2 EL Balsamico bianco

2 EL Zitronensaft

Pfeffer aus der Mühle

Thymianblättchen für die Deko

Zubereitung

FÜR 4 PERSONEN

1 Den Spargel schälen und die holzigen Enden abschneiden. In einem großen Topf Salzwasser mit 1 EL Zucker zum Kochen bringen. Die Spargelstangen dazugeben und etwa 15 Minuten leicht bissfest garen.

2 Spargelstangen herausheben, abtropfen und abkühlen lassen. Den Spargel in 2 bis 3 cm lange Stücke schneiden. Das Toastbrot entrinden, in Würfel schneiden und in einer Pfanne in 2 EL Olivenöl goldbraun rösten. Herausnehmen und auf Küchenpapier abtropfen lassen.

3 Die Tomaten waschen und in Spalten schneiden, dabei die Stielansätze entfernen. Die Avocado halbieren, entsteinen, schälen und in Stücke schneiden. Mit den Tomaten und den Spargelstücken in eine Schüssel geben.

4 Den Essig mit dem restlichen Olivenöl und dem Zitronensaft verrühren und mit Salz, Pfeffer und 1 Prise Zucker abschmecken. Das Dressing mit den Salatzutaten mischen und auf Schälchen verteilen.

5 Den Spargelsalat mit den Croûtons und den Thymianblättchen garniert servieren.

Kalte Gurkensuppe
mit Minzcroûtons

Zutaten

4 Scheiben Weißbrot
2 EL Olivenöl
1 EL gehackte Minze
2 Salatgurken
1 Schalotte
2–3 Stiele Petersilie
2 Stiele Dill
1–2 Stiele Basilikum
200 g Sojajoghurt
ca. 600 ml Gemüsebrühe
Salz · Pfeffer aus der Mühle

Zubereitung

FÜR 4 PERSONEN

1 Das Weißbrot entrinden. Zwei Scheiben in wenig Wasser einweichen. Die restlichen Scheiben in kleine Würfel schneiden. In einer Pfanne 1 EL Olivenöl erhitzen und die Brotwürfel darin rundum goldbraun rösten. Die Minze untermischen und die Croûtons aus der Pfanne nehmen.

2 Die Gurken schälen und längs halbieren. Die Hälften mit einem Löffel entkernen und in Stücke schneiden. Die Schalotte schälen und in feine Würfel schneiden. Die Kräuter waschen und trocken schütteln, die Blätter abzupfen und grob hacken.

3 Die Gurke mit der Schalotte, dem restlichen Olivenöl, den Kräutern, dem ausgedrückten Weißbrot, dem Sojajoghurt und etwas Brühe im Küchenmixer oder mit dem Stabmixer fein pürieren. So viel von der restlichen Brühe unterrühren, bis die Suppe die gewünschte Konsistenz hat. Mit Salz und Pfeffer würzen und mindestens 1 Stunde kalt stellen.

4 Die kalte Gurkensuppe in Gläser füllen, mit den Croûtons bestreuen und nach Belieben mit Petersilie garniert servieren.

Radieschencremesuppe mit Kartoffeln

So schmeckt der Frühling! Vor Radieschen in ungewohnter Form ziehen nicht nur vegane Gourmets garantiert ihren Hut

Zutaten

12 Radieschen
150 g Radieschenblätter
200 g mehligkochende Kartoffeln
1 Schalotte
1 Knoblauchzehe
2 EL Margarine
ca. 800 ml Gemüsebrühe
gemischte gehackte Kräuter (z. B. Estragon, Kerbel und Sauerampfer)
2–3 EL Sojasahne
Salz · Pfeffer aus der Mühle

Zubereitung

FÜR 4–6 PERSONEN

1 Die Radieschen putzen und waschen, die Radieschenblätter waschen, trocken schütteln und grob hacken. 3 bis 4 Radieschen in feine Scheiben schneiden oder hobeln, den Rest in sehr feine Würfel schneiden.

2 Die Kartoffeln schälen, waschen und in kleine Würfel schneiden. Die Schalotte und den Knoblauch schälen und in feine Würfel schneiden.

3 Die Margarine in einem Topf erhitzen, die Schalotte und den Knoblauch darin andünsten. Die Kartoffeln und die Radieschenblätter dazugeben und die Brühe angießen. Bei schwacher Hitze etwa 15 Minuten köcheln lassen.

4 Die Kräuter zur Suppe geben und alles mit dem Stabmixer fein pürieren. Die Sojasahne unterrühren und die Suppe mit Salz und Pfeffer abschmecken. Die gewürfelten Radieschen untermischen und kurz erhitzen.

5 Die Radieschencremesuppe auf Teller verteilen und mit den Radieschenscheiben garniert servieren.

Tipp› Verwenden Sie zum Binden von Suppen möglichst immer mehligkochende Kartoffeln. Deren hoher Stärkeanteil sorgt dafür, dass die Suppe nach dem Pürieren schön sämig wird.

Linsencremesuppe
mit Steinpilzen und Äpfeln

Zutaten

300 g grüne Puy-Linsen

1 l Pilzfond

150 g Knollensellerie

2 Möhren · 2 Zwiebeln

2 Knoblauchzehen

2 große säuerliche Äpfel (z. B. Boskop)

4 EL Öl

1 EL gehackter Thymian

1/4 l trockener Weißwein

100 g Sojasahne

Salz · Pfeffer aus der Mühle

200 g Steinpilze

einige Tropfen Aceto balsamico

Zubereitung

FÜR 4–6 PERSONEN

1 Die Linsen in einem Sieb abbrausen und abtropfen lassen. Mit dem Fond in einem Topf aufkochen und 20 Minuten köcheln lassen.

2 Das Gemüse und 1 Apfel putzen, schälen und in kleine Stücke schneiden. In einer Pfanne 2 EL Öl erhitzen und Sellerie, Möhren, Zwiebeln und Knoblauch mit den Apfelstücken darin andünsten. Den Thymian unterrühren.

3 Mit dem Wein ablöschen und kurz köcheln lassen. Etwa ein Viertel der Linsen aus dem Topf nehmen. Die Gemüse-Apfel-Mischung in den Linsentopf geben und etwa 10 Minuten mitkochen. Die Suppe mit dem Stabmixer pürieren, dabei die Sojasahne untermixen und mit Salz und Pfeffer würzen. Die beiseitegestellten Linsen wieder in die Suppe geben.

4 Den übrigen Apfel schälen, vierteln, entkernen und in dünne Spalten schneiden. Die Pilze putzen, in Scheiben schneiden und im restlichen Öl auf beiden Seiten anbraten. Den Apfel hinzufügen und mitbraten. Die Linsencremesuppe mit Pilzscheiben und Apfelspalten in Suppentassen anrichten und mit etwas Essig beträufeln.

Rote-Bete-Suppe
mit Meerrettich

Zutaten

1 Zwiebel
150 g mehligkochende Kartoffeln
400 g Rote Beten
1 EL Öl
ca. 800 ml Gemüsebrühe
Salz · Pfeffer aus der Mühle
1–2 EL Weinessig
gemahlener Kümmel
gemahlener Piment
1 Lorbeerblatt
1 EL Meerrettich (aus dem Glas)
150 g Sojasahne

Zubereitung

FÜR 4 PERSONEN

1 Die Zwiebel schälen und in feine Würfel schneiden. Die Kartoffeln schälen und waschen, die Roten Beten putzen und schälen. Beides in kleine Würfel schneiden.

2 Das Öl in einem Topf erhitzen und die Zwiebel darin andünsten. Die Kartoffeln und die Roten Beten dazugeben und kurz mitdünsten. Die Brühe angießen, mit Salz, Pfeffer, Essig und je 1 Prise Kümmel und Piment würzen, das Lorbeerblatt dazugeben und alles zugedeckt etwa 20 Minuten köcheln lassen.

3 Das Lorbeerblatt aus der Suppe nehmen, den Meerrettich dazugeben und die Suppe mit dem Stabmixer fein pürieren. 100 g Sojasahne unterrühren, die Suppe bei Bedarf noch etwas einköcheln lassen oder noch etwas Brühe angießen, falls sie zu dick ist.

4 Die Suppe abschmecken und auf tiefe Teller oder Schälchen verteilen. Mit der restlichen Sojasahne garnieren und etwas Pfeffer grob darübermahlen. Dazu passen als Suppeneinlage frische Kichererbsen-Bällchen (siehe S. 45).

Sellerie-Apfel-Süppchen
mit Ingwer und Curry

Back to the roots – aber mit exotischem Touch: Ingwer, Curry und Safran befördern die deftige Knolle in ganz neue kulinarische Sphären

Zutaten

1 kleine Sellerieknolle (mit Grün; ca. 150 g)
1 Schalotte
1 haselnussgroßes Stück Ingwer
2 EL Öl
1 TL Currypulver
1 Msp. Safranpulver
1/4 l Gemüsebrühe
1 säuerlicher Apfel (z. B. Boskop)
1 – 2 EL Zitronensaft
2 Scheiben Toastbrot
1 EL Sojasahne
Salz · Pfeffer aus der Mühle

Zubereitung

FÜR 4 PERSONEN

1 Den Sellerie putzen, schälen und in kleine Würfel schneiden. Das Selleriegrün waschen, trocken schütteln und beiseitelegen. Die Schalotte schälen und in feine Würfel schneiden. Den Ingwer schälen und ebenfalls in feine Würfel schneiden.

2 In einem Topf 1 EL Öl erhitzen und die Schalottenwürfel darin mit dem Ingwer andünsten. Die Selleriewürfel, das Currypulver und den Safran hinzufügen und kurz mitdünsten. Das Gemüse mit der Brühe ablöschen und bei schwacher Hitze etwa 30 Minuten köcheln lassen.

3 Inzwischen den Apfel vierteln, entkernen und schälen. Das Fruchtfleisch in dünne Spalten schneiden und mit dem Zitronensaft beträufeln. Den Toast entrinden und in lauwarmem Wasser einweichen.

4 Etwa 5 Minuten vor Garzeitende den Toast ausdrücken und mit den Apfelspalten – bis auf etwa ein Viertel – in die Suppe geben. Die Suppe mit dem Stabmixer pürieren, dabei die Sojasahne untermixen. Die Suppe nach Belieben durch ein Sieb streichen. Nochmals erhitzen und mit Salz und Pfeffer würzen.

5 Das restliche Öl in einer Pfanne erhitzen und die beiseitegelegten Apfelspalten darin auf beiden Seiten braten. Die Suppe auf Suppentassen verteilen, jeweils 1 Apfelspalte hineingeben und mit dem Selleriegrün und nach Belieben mit Selleriechips (siehe Tipp) garniert servieren.

Tipp› Für die Chips 1 Sellerieknolle schälen und halbieren. Aus der Mitte mit der Brotschneidemaschine 4 sehr dünne Scheiben schneiden und in Öl knusprig frittieren. Restlichen Sellerie für die Suppe verwenden.

Misosuppe
mit Tofu und Spargel

Wenige Zutaten – voller Geschmack: Japanische Suppen wirken eher asketisch, sind aber immer etwas ganz Besonderes

Zutaten

1 walnussgroßes Stück Ingwer
1 Stängel Zitronengras
1 Knoblauchzehe
1 l Gemüsebrühe
500 g grüner Spargel
400 g Tofu
3–4 EL helle Misopaste
3–4 EL helle Sojasauce

Zubereitung

FÜR 4 PERSONEN

1 Den Ingwer schälen und in Scheiben schneiden. Vom Zitronengras die welken Außenblätter und die obere trockene Hälfte entfernen. Das Zitronengras längs halbieren. Den Knoblauch schälen und in Scheiben schneiden.

2 In einem Topf die Brühe aufkochen. Das Zitronengras und den Ingwer hinzufügen und bei schwacher Hitze etwa 10 Minuten köcheln lassen.

3 Inzwischen den Spargel waschen, im unteren Drittel schälen und die holzigen Enden abschneiden. Die Spargelstangen in 4 bis 5 cm lange Stücke schneiden. Den Tofu in Würfel schneiden und auf kleine Schälchen verteilen.

4 Die Suppe durch ein feines Sieb in einen weiteren Topf gießen und erneut aufkochen lassen. Die Misopaste und die Sojasauce einrühren, den Spargel dazugeben und bei schwacher Hitze 6 bis 8 Minuten gar ziehen lassen.

5 Die Suppe abschmecken, vorsichtig über die Tofuwürfel in den Schälchen gießen und servieren.

Tipp› Sie können auch einmal andere Gemüsesorten für die Suppe probieren, z. B. Zuckerschoten, Frühlingszwiebeln oder Sojasprossen. Als Einlage passt ebenfalls sehr gut panierter Tofu (siehe S. 46).

Gelbe-Bete-Suppe mit Kartoffeln und Tofu

Zutaten

2 Gelbe Beten

200 g mehligkochende Kartoffeln

1 Zwiebel

1 walnussgroßes Stück Ingwer (alternativ Meerrettich oder Wasabi)

1–2 EL Öl

50 ml Weißwein

$3/4$ l Gemüsebrühe

Salz

weißer Pfeffer aus der Mühle

250 g Tofu

1 EL gehackte Petersilie

Zubereitung

FÜR 4 PERSONEN

1 Die Gelben Beten putzen und schälen, die Kartoffeln schälen und waschen. Die Gelben Beten erst in Scheiben, dann in 2 cm große Würfel schneiden. Die Kartoffeln zuerst in dünne Scheiben und diese in feine Streifen schneiden. Die Zwiebel und den Ingwer schälen und in sehr feine Streifen schneiden.

2 Das Öl in einem Topf erhitzen, die Zwiebel und den Ingwer darin andünsten. Die Gelben Beten dazugeben und etwa 2 Minuten mitdünsten. Mit dem Wein ablöschen, die Brühe angießen und zugedeckt bei schwacher Hitze 15 bis 20 Minuten köcheln lassen.

3 Die Kartoffelstreifen dazugeben, kurz mitgaren und die Suppe mit Salz und Pfeffer würzen. Den Tofu in 1 cm große Würfel schneiden und kurz in der Suppe erwärmen. Die Gelbe-Bete-Suppe auf Schälchen verteilen und mit Petersilie garniert servieren oder nach Belieben mit Frühlingszwiebelringen und Koriander bestreuen.

Tomatensüppchen
mit Basilikumcreme

Zutaten

2 Knoblauchzehen
1/2 Bund Oregano
2 EL Öl
500 g stückige Tomaten (aus der Dose)
450 g schlagfähige Sojasahne
Salz · Pfeffer aus der Mühle
Zucker
1/2 Bund Basilikum
1 cl Sherry (medium)

Zubereitung

FÜR 4 PERSONEN

1 Den Knoblauch schälen und in kleine Würfel schneiden. Den Oregano waschen und trocken schütteln, die Blätter abzupfen und fein hacken.

2 Das Öl in einem Topf erhitzen und den Knoblauch darin andünsten. Die Tomaten und 300 g Sojasahne dazugeben, mit Salz, Pfeffer und Zucker würzen und bei schwacher Hitze etwa 20 Minuten köcheln lassen.

3 Die Tomatensuppe durch ein grobes Sieb passieren und etwa 10 Minuten einköcheln lassen. Inzwischen das Basilikum waschen, trocken schütteln und die Blätter abzupfen. Einige Blätter für die Deko beiseitelegen, den Rest fein hacken. Die restliche Sojasahne mit dem Basilikum in einen hohen Rührbecher geben, mit dem Stabmixer schaumig aufschlagen und mit Salz und Pfeffer würzen.

4 Kurz vor dem Servieren die Tomatensuppe mit dem Sherry abschmecken. Die Suppe auf tiefen Tellern anrichten und die Basilikumsahne darauf verteilen. Mit den Basilikumblättern garniert servieren. Dazu passen mit Knoblauch eingeriebene, geröstete Brotchips.

Polentasuppe
mit Mango und Zitronengras

Multikulti in der Suppenschale: Polenta aus Italien wird hier von Curry, Mango und Zitronengras auf einen delikaten Asientrip entführt

Zutaten

1 kleine Zwiebel
4 EL Olivenöl
1/2 EL Currypulver
75 ml trockener Weißwein
700 ml Gemüsebrühe
1 kleine Mango
2 Stängel Zitronengras
3 – 4 EL Instant-Polenta
4 Scheiben Toastbrot
1 grüne Peperoni
Salz

Zubereitung

FÜR 4 PERSONEN

1 Die Zwiebel schälen und in feine Würfel schneiden. In einem Topf 2 EL Olivenöl erhitzen und die Zwiebel darin andünsten. Das Currypulver darüberstäuben, kurz mitdünsten und mit dem Wein ablöschen. Die Brühe dazugießen und alles aufkochen lassen.

2 Die Mango schälen, das Fruchtfleisch auf den flachen Seiten vom Stein schneiden und in kleine Würfel schneiden. Für die Suppeneinlage ein Viertel der Mangowürfel beiseitestellen. Die Zitronengrasstängel waschen, längs halbieren und etwas flach klopfen. Die Mangowürfel mit dem Zitronengras in die kochende Brühe geben. Die Polenta unter Rühren einrieseln und 1 bis 2 Minuten köcheln lassen, bis sie anfängt zu quellen. Die Suppe vom Herd nehmen und weitere 5 bis 8 Minuten zugedeckt ziehen lassen.

3 Inzwischen den Toast entrinden und in kleine Würfel schneiden. Die Peperoni längs halbieren, entkernen, waschen und in feine Streifen schneiden. Die Toastbrotwürfel in einer Pfanne in 1 EL Olivenöl rundum goldbraun rösten. Die Peperoni dazugeben und untermischen, alles mit 1 Prise Salz würzen. Die Croûtons aus der Pfanne nehmen und auf Küchenpapier abtropfen lassen.

4 Die Suppe erneut aufkochen und mit Salz würzen. Vom Herd nehmen, das Zitronengras entfernen und das restliche Olivenöl mit dem Stabmixer unterrühren. Die Polentasuppe auf tiefe Teller oder Schälchen verteilen und mit den Mangowürfeln und den Peperoni-Croûtons bestreuen.

Nudelsuppe
mit Tofu

Ein weltweiter Suppenklassiker: Auch als raffiniert gewürzte Asia-Variante kann Nudelsuppe auf der ganzen Linie überzeugen

Zutaten

200 g dünne Reisnudeln
2 EL Hoisinsauce
400 g Tofu
300 g Mini-Maiskölbchen (aus dem Glas)
300 g Pak-Choi
1 EL Sesamöl
1 TL vegane gelbe Currypaste
brauner Zucker
100 ml trockener Weißwein
ca. 900 ml Gemüsebrühe
4 cl Reiswein
1 Handvoll Koriander

Zubereitung

FÜR 4 PERSONEN

1 Die Nudeln in einer Schüssel mit 1 EL Hoisinsauce und kochendem Wasser übergießen und etwa 10 Minuten ziehen lassen, bis sie weich sind. Die Nudeln in ein Sieb abgießen und gut abtropfen lassen. Nach Belieben mit einer Schere etwas kürzer schneiden.

2 Den Tofu würfeln. Den Mais abtropfen lassen und ganz lassen oder längs halbieren. Den Pak-Choi putzen, waschen und in Streifen schneiden.

3 Das Sesamöl in einem Topf erhitzen und die Nudeln, den Tofu, den Mais und den Pak-Choi darin bei starker Hitze unter Rühren anbraten. Die Currypaste und 1 Prise Zucker einrühren und mit dem Wein ablöschen. Die Brühe angießen, die restliche Hoisinsauce und den Reiswein dazugeben und zugedeckt bei schwacher Hitze etwa 5 Minuten köcheln lassen.

4 Den Koriander waschen, trocken schütteln und die Blätter abzupfen. Die Suppe auf Schälchen verteilen und mit Koriander bestreut servieren. Nach Belieben noch geröstete Erdnüsse, Röstzwiebeln und abgeriebene Bio-Limettenschale in die Suppe geben.

Tipp› Für mehr Abwechslung im Suppenalltag sorgen Sie z. B. mit roter Currypaste, die der Suppe eine deutlich schärfere Note verleiht. Auch mit grüner Currypaste erzielen Sie eine ganz andere Nuance.

Buntes Curry
mit Gemüseallerlei

Zutaten

2 Zwiebeln · 1 Knoblauchzehe
1 Blumenkohl (ca. 500 g)
250 g grüne Bohnen
3 Tomaten · 1 Paprikaschote
2 EL Sesamöl
1–2 EL vegane rote Currypaste
ca. 200 ml Gemüsebrühe
70 g Bambussprossen (aus der Dose) · 400 g passierte Tomaten (aus dem Tetrapak)
dunkle Sojasauce
Salz · Pfeffer aus der Mühle
1/2 TL gemahlener Koriander
1/2 TL gemahlener Kreuzkümmel
Zimtpulver · Zucker

Zubereitung

FÜR 4 PERSONEN

1 Zwiebeln und Knoblauch schälen und in feine Würfel schneiden. Den Blumenkohl putzen, waschen und in Röschen teilen. Die Bohnen putzen und waschen. Die Tomaten waschen und in Würfel schneiden, dabei die Stielansätze entfernen. Die Paprikaschote längs halbieren, entkernen, waschen und in Streifen schneiden.

2 Das Sesamöl in einem großen Topf erhitzen, die Zwiebeln und den Knoblauch darin andünsten. Die Currypaste unterrühren, kurz anbraten und mit der Brühe ablöschen. Die Tomatenwürfel hinzufügen. Die Bohnen und den Blumenkohl dazugeben, zugedeckt in der köchelnden Brühe etwa 10 Minuten gar ziehen lassen.

3 Nach etwa 5 Minuten die abgetropften Bambussprossen mit den passierten Tomaten hinzufügen. Bei Bedarf noch etwas Brühe dazugeben. Mit Sojasauce, Salz, Pfeffer, Koriander, Kreuzkümmel und je 1 Prise Zimtpulver und Zucker abschmecken.

4 Das Curry auf Schälchen verteilen und nach Belieben mit Korianderblättern garnieren.

Würziger Möhreneintopf
mit Staudensellerie

Zutaten

800 g Möhren
1–2 Stangen Staudensellerie
1 Schalotte
2 EL Öl
1/4 TL Kreuzkümmelsamen
1/4 TL gemahlener Koriander
1/2 TL gemahlene Kurkuma
1/4 l Gemüsebrühe
1 Handvoll Basilikum
Salz · Pfeffer aus der Mühle
Zucker
Zitronensaft

Zubereitung

FÜR 4 PERSONEN

1 Die Möhren putzen, schälen und in feine Scheiben schneiden. Den Sellerie putzen, waschen und in dünne Scheiben schneiden. Die Schalotte schälen und in feine Würfel schneiden. Das Öl in einem Topf erhitzen und die Schalotte darin andünsten.

2 Den Kreuzkümmel, den Koriander und die Kurkuma darüberstreuen und kurz mitrösten. Möhren und Sellerie dazugeben, mit der Brühe ablöschen und 5 bis 7 Minuten darin garen.

3 Das Basilikum waschen, trocken schütteln und die Blätter abzupfen. Vier Blätter beiseitelegen und den Rest fein hacken. Den Eintopf mit Salz, Pfeffer, 1 Prise Zucker und 1 Spritzer Zitronensaft abschmecken.

4 Den Möhreneintopf auf Schälchen verteilen, mit gehacktem Basilikum und nach Belieben mit Kreuzkümmel bestreuen. Mit den Basilikumblättern garniert servieren. Dazu passt z. B. ein Naan-Brot (siehe S. 212).

Tomaten-Minestrone
mit Kohl und Bohnen

Die Traditionssuppe aus bella Italia: Minestrone sieht köstlich aus und schmeckt nach sonnengereiftem Gemüse

Zutaten

1 Zwiebel
1 Knoblauchzehe
180 g Weißkohl
1 Stange Staudensellerie
1/2 Stange Lauch
180 g weiße Bohnen (aus der Dose)
1 kleiner Zucchino
1 Möhre
2 rote Paprikaschoten
2 EL Olivenöl
100 ml trockener Weißwein
400 g passierte Tomaten (aus dem Tetrapak)
ca. 350 ml Gemüsebrühe
1 Msp. Safranfäden
1 TL getrockneter Majoran
1 TL getrockneter Oregano
Salz · Pfeffer aus der Mühle
2 EL gehackte Petersilie

Zubereitung

FÜR 4 PERSONEN

1 Die Zwiebel und den Knoblauch schälen und in feine Würfel schneiden. Den Kohl putzen, waschen und klein schneiden. Den Sellerie und den Lauch putzen, waschen und in dünne Scheiben schneiden. Die Bohnen in ein Sieb abgießen, kalt abbrausen und abtropfen lassen.

2 Den Zucchino putzen, waschen, längs halbieren und quer in Scheiben schneiden. Die Möhre putzen, schälen und in dünne Scheiben schneiden. Die Paprikaschoten längs halbieren, entkernen, waschen und in kleine Würfel schneiden.

3 Das Olivenöl in einem Topf erhitzen, die Zwiebel und den Knoblauch darin andünsten. Den Kohl, den Sellerie, den Lauch und die Bohnen dazugeben und mit dem Wein ablöschen. Die Tomaten und die Brühe zum Gemüse gießen, aufkochen und etwa 15 Minuten garen.

4 Den Zucchino, die Möhre, die Paprika, den Safran, den Majoran und den Oregano zur Suppe geben, mit Salz und Pfeffer würzen und weitere 5 bis 10 Minuten köcheln lassen.

5 Die Minestrone mit Salz und Pfeffer abschmecken, auf tiefe Teller verteilen und die Petersilie darüberstreuen. Nach Belieben mit frischem Weißbrot und 1 Klecks Basilikumpesto servieren.

Linseneintopf
mit Lauch und Lopinowürfeln

Schmeckt gut und tut gut: Linsen, die kleinen Energiebomben, bekommen hier mit Lopino einen ebenbürtigen Partner

Zutaten

350 g Linsen (z. B. Berglinsen)
1 TL Natron
1 Möhre
150 g Knollensellerie
3 EL Öl
ca. 1 l Gemüsebrühe
1 Stange Lauch
250 g Lopino (Lupinenquark; natur)
Salz · Pfeffer aus der Mühle
gemahlener Koriander
einige Stiele Petersilie
1 Zweig Thymian
1–2 EL Zitronensaft

Zubereitung

FÜR 4 PERSONEN

1 Die Linsen über Nacht mit 1/2 TL Natron in reichlich kaltem Wasser einweichen.

2 Am nächsten Tag die Linsen in ein Sieb abgießen und abtropfen lassen. Die Möhre und den Sellerie putzen, schälen und in sehr kleine Würfel schneiden.

3 In einem Topf 1 EL Öl erhitzen, Möhren und Sellerie darin 1 bis 2 Minuten andünsten. Die Brühe angießen. Die Linsen und das restliche Natron dazugeben und zugedeckt bei schwacher Hitze etwa 45 Minuten gar ziehen lassen. Bei Bedarf noch etwas Brühe hinzugießen.

4 Den Lauch putzen, waschen und in Ringe schneiden. Den Lopino in kleine Würfel schneiden. Das restliche Öl in einer Pfanne erhitzen und den Lopino mit dem Lauch 1 bis 2 Minuten anbraten. Mit Salz, Pfeffer und Koriander würzen. Die Petersilie und den Thymian waschen und trocken schütteln, vom Thymian die Blättchen abzupfen.

5 Den Linseneintopf mit Zitronensaft, Salz und Pfeffer abschmecken und auf Schälchen verteilen. Das Lopino-Lauch-Gemüse daraufgeben. Den Eintopf mit Petersilie und Thymian bestreut servieren.

Tipp› Lopino ist von der Konsistenz her Tofu sehr ähnlich, hat aber einen intensiv nussigen Geschmack. Er ist ebenfalls ein rein pflanzliches Produkt und wird aus den Samen der Süßlupine hergestellt.

Afrikanischer Gemüseeintopf mit Erdnüssen

Zutaten

1 Fenchelknolle · 1 Chilischote
400 g Süßkartoffeln
1 Zwiebel · 1 Knoblauchzehe
2 EL Öl · 1 EL Tomatenmark
1/2 TL gemahlene Kurkuma
je 1/2 TL gemahlener Kreuzkümmel und Koriander · 1 Msp. Zimtpulver
150 ml Gemüsebrühe
400 g geschälte Tomaten (aus der Dose) · 2 rote Paprikaschoten
1 Gewürzgurke · 50 g Erdnüsse
1 Dose Kidneybohnen (240 g Abtropfgewicht) · 50 g Mandelsahne · 1 EL gehackte Petersilie
Salz · Pfeffer aus der Mühle

Zubereitung

FÜR 4 PERSONEN

1 Den Fenchel putzen, waschen und in Stücke schneiden. Die Chilischote längs halbieren, entkernen, waschen und fein hacken. Die Süßkartoffeln schälen und in Würfel schneiden.

2 Die Zwiebel und den Knoblauch schälen, in feine Würfel schneiden und mit der Chili im Öl andünsten. Das Tomatenmark kurz mitdünsten, die Gewürze und die Süßkartoffeln hinzufügen. Mit der Brühe ablöschen, die Tomaten dazugeben und zugedeckt etwa 25 Minuten köcheln lassen. Den Fenchel nach etwa 10 Minuten zum Eintopf geben.

3 Die Paprikaschoten längs halbieren, entkernen, waschen und klein schneiden. Die Gurke in kleine Würfel schneiden, die Nüsse fein hacken. Paprika, Gurke und abgegossene Bohnen zum Eintopf geben und 8 Minuten köcheln lassen.

4 Mandelsahne und Petersilie untermischen und den Eintopf mit Salz und Pfeffer abschmecken. Auf Schälchen verteilen und mit den gehackten Nüssen bestreuen. Nach Belieben mit Limettenschnitzen servieren.

Wirsingcurry mit Kichererbsen

Zutaten

1 Wirsing (ca. 500 g) · Salz
200 g Champignons
2 Zwiebeln
1 Knoblauchzehe
1 rote Chilischote
2 EL Öl · 1 TL geriebener Ingwer
1 TL gemahlene Kurkuma
gemahlener Kreuzkümmel
ca. 1/2 l Gemüsebrühe
200 ml Kokosmilch
300 g Kichererbsen
(aus der Dose)
1–2 TL Zitronensaft
Korianderblätter (gewaschen)

Zubereitung

FÜR 4 PERSONEN

1 Den Wirsing putzen und die Blätter waschen. Die Kohlblätter in kochendem Salzwasser etwa 2 Minuten bissfest blanchieren. Kalt abschrecken, auf einem Sieb abtropfen lassen und in breite Streifen schneiden.

2 Die Champignons putzen und, falls nötig, trocken reiben. Die Pilze je nach Größe halbieren. Zwiebeln und Knoblauch schälen, und Chilischote längs halbieren, entkernen und waschen. Alles in feine Würfel schneiden.

3 Das Öl in einer Pfanne erhitzen und Zwiebeln, Knoblauch, Chili und Ingwer darin andünsten. Die Pilze, die Kurkuma und 1 Prise Kreuzkümmel dazugeben, kurz mitdünsten und mit der Brühe ablöschen (nach Belieben statt der Gewürze 1 EL Tandooripaste verwenden). Den Kohl hinzufügen, die Kokosmilch angießen, mit Salz würzen und etwa 20 Minuten köcheln lassen.

4 Die Kichererbsen in ein Sieb abgießen, kalt abbrausen und abtropfen lassen. Zum Curry geben und etwa 5 Minuten erhitzen. Das Curry mit Zitronensaft und Salz abschmecken und mit Koriander garniert servieren.

Gemüsechili
mit Bohnen, Mais und Süßkartoffeln

Aus dem Vollen schöpfen: Die Gemüsevariante des texanischen Klassikers bietet Gemüsegenuss par exellence

Zutaten

400 g Süßkartoffeln
4 Tomaten
1 kleine Aubergine
1 rote Zwiebel
2–3 Knoblauchzehen
2 Frühlingszwiebeln
1 grüne Chilischote
200 ml Tomatensaft
ca. 400 ml Gemüsebrühe
480 g Kidneybohnen (aus der Dose)
140 g Maiskörner (aus der Dose)
1–2 TL gemahlener Kreuzkümmel
1 TL gemahlener Koriander
1 TL Paprikapulver (edelsüß)
Salz · Pfeffer aus der Mühle
1 Avocado
1 EL Limettensaft
einige Stiele Koriander

Zubereitung

FÜR 4 PERSONEN

1 Die Süßkartoffeln mit der Schale gründlich waschen und in 2 bis 3 cm große Würfel schneiden. Die Tomaten waschen und vierteln, dabei die Stielansätze entfernen. Die Tomaten in Würfel schneiden. Die Aubergine putzen, waschen, längs vierteln und in Scheiben schneiden. Die Zwiebel und den Knoblauch schälen und in grobe Würfel schneiden. Die Frühlingszwiebeln putzen, waschen und in Ringe schneiden. Die Chilischote längs halbieren, nach Belieben entkernen, waschen und fein hacken.

2 Die Aubergine in einem großen Topf ohne Fett 2 bis 3 Minuten unter Wenden braun anbraten. Die Zwiebel und den Knoblauch dazugeben und weitere 1 bis 2 Minuten braten. Den Tomatensaft und etwas Brühe angießen. Süßkartoffeln, Tomaten und Frühlingszwiebeln hinzufügen und bei schwacher Hitze 10 bis 15 Minuten köcheln lassen.

3 Die Bohnen auf einem Sieb abbrausen und zusammen mit dem Mais abtropfen lassen. Beides zu dem Chili dazugeben. Mit Kreuzkümmel, gemahlenem Koriander, Paprikapulver, Salz und Pfeffer kräftig würzen.

4 Die Avocado halbieren und den Stein entfernen. Die Avocadohälften schälen und das Fruchtfleisch in Stücke schneiden. Mit dem Limettensaft beträufeln und leicht mit Salz würzen. Den Koriander waschen, trocken schütteln und die Blätter abzupfen.

5 Das Gemüsechili auf Schälchen verteilen, mit der Avocado garnieren und dem Koriander bestreuen. Nach Belieben mit 1 Klecks Sojajoghurt servieren.

Nudeln & Reis

Penne rigate
mit Peperoni-Mango-Sauce

Immer für eine Überraschung gut: Peperoni und exotische Mango sorgen für fruchtig-scharfe Abwechslung auf dem Pastateller

Zutaten

8 Tomaten
2 Zweige Rosmarin
8 EL Olivenöl
Salz · Pfeffer aus der Mühle
500 g Penne rigate
4 grüne Peperoni
2 Schalotten
2 Knoblauchzehen
1/2 Bund Basilikum
1 Mango
Mark von 1 Vanilleschote
50 ml trockener Weißwein
60 ml Gemüsebrühe
4 EL schwarze Oliven (mit Stein)

Zubereitung

FÜR 4 PERSONEN

1 Den Backofen auf 180 °C vorheizen. Die Tomaten kreuzweise einritzen, überbrühen, häuten, vierteln und entkernen, dabei die Stielansätze entfernen. Den Rosmarin waschen und trocken schütteln. Die Tomatenfilets mit dem Rosmarin auf ein Backblech legen, mit 6 EL Olivenöl beträufeln und mit Salz und Pfeffer würzen. Die Tomatenfilets im Ofen auf der mittleren Schiene etwa 10 Minuten garen.

2 Die Penne nach Packungsanweisung in reichlich kochendem Salzwasser bissfest garen.

3 Die Peperoni längs halbieren, entkernen, waschen und in dünne Streifen schneiden. Die Schalotten schälen und in feine Ringe schneiden. Den Knoblauch schälen und in feine Würfel schneiden. Das Basilikum waschen, trocken schütteln, die Blätter abzupfen und grob hacken. Die Mango schälen, das Fruchtfleisch zuerst in breiten Streifen vom Stein und dann in Würfel schneiden.

4 Das restliche Olivenöl in einer Pfanne erhitzen und die Schalottenringe darin andünsten. Die Peperoni, den Knoblauch, das Basilikum und das Vanillemark dazugeben und kurz mitdünsten. Mit Salz und Pfeffer würzen und mit dem Wein ablöschen. Die Brühe hinzufügen und einkochen lassen. Die Mangowürfel dazugeben und mitgaren, bis sie leicht zerfallen.

5 Die Penne in ein Sieb abgießen, abtropfen lassen und mit der Peperoni-Mango-Sauce mischen. Mit den Oliven und Tomatenfilets auf tiefe Teller oder Schälchen verteilen. Nach Belieben frisches Baguette dazu servieren.

Tagliatelle mit Kokos-Ingwer-Sauce

Blitzschnelle Sommerküche: Für dieses leichte Asiagericht brauchen Sie Ihren Sonnenplatz nicht lange zu verlassen

Zutaten

4 Stiele Koriander (mit Wurzel)
2 cm Zitronengras
1 Schalotte
1 Knoblauchzehe
1 haselnussgroßes Stück Ingwer
1 Bio-Limette
200 grüner Spargel
200 g Zuckerschoten
500 g Tagliatelle
Salz · 1 EL Sesamöl
1 Msp. Kreuzkümmelsamen
400 ml Kokosmilch (aus der Dose)
weißer Pfeffer aus der Mühle
Zucker

Zubereitung

FÜR 4 PERSONEN

1 Die Wurzeln vom Koriandergrün abschneiden, gründlich waschen und klein schneiden. Das Koriandergrün waschen, trocken schütteln und für die Deko beiseitelegen. Das Zitronengras waschen. Die Schalotte, den Knoblauch und den Ingwer schälen und in feine Würfel schneiden. Die Limette heiß waschen, trocken reiben und die Schale fein abreiben. Die Limette halbieren und auspressen. Den Spargel waschen, im unteren Drittel schälen, die holzigen Enden abschneiden und den Spargel in grobe Stücke schneiden. Die Zuckerschoten putzen, waschen und nach Belieben halbieren.

2 Die Tagliatelle nach Packungsanweisung in reichlich kochendem Salzwasser bissfest garen. Den Spargel und die Zuckerschoten kurz in kochendem Salzwasser blanchieren.

3 Inzwischen das Sesamöl in einem Topf erhitzen und die Schalotte, den Knoblauch und den Ingwer mit den Korianderwurzeln und dem Zitronengras darin andünsten. Kreuzkümmel und die Limettenschale dazugeben. Mit dem Limettensaft und der Kokosmilch ablöschen und alles etwa 5 Minuten leicht köcheln lassen. Die Sauce mit dem Stabmixer fein pürieren und mit Salz, Pfeffer und Zucker würzen. Den Spargel und die Zuckerschoten kurz in der Sauce erwärmen.

4 Die Tagliatelle in ein Sieb abgießen, kurz abtropfen lassen und mit der Kokos-Ingwer-Sauce mischen. Auf tiefe Teller oder Schälchen verteilen und mit den Korianderblättern garnieren.

Tipp› Koriander mit Wurzeln bekommen Sie in gut sortierten Asialäden. Alternativ einfach 2 bis 3 klein geschnittene Stiele des Krauts kurz vor dem Pürieren in die Kokos-Ingwer-Sauce geben.

Farfalle
mit gebratenen Steinpilzen

Zutaten

350 g Farfalle

Salz

400 g Steinpilze

1 Zwiebel · 1 EL Margarine

1/4 l Gemüsebrühe

50 g Sojasahne

Pfeffer aus der Mühle

gemahlener Kümmel

1/2 TL abgeriebene Bio-Zitronenschale

1 EL gehackte Petersilie

Zubereitung

FÜR 4 PERSONEN

1 Die Farfalle nach Packungsanweisung in reichlich kochendem Salzwasser bissfest garen, in ein Sieb abgießen und abtropfen lassen.

2 Inzwischen die Steinpilze putzen, trocken abreiben und in nicht zu dünne Scheiben schneiden. Die Zwiebel schälen und in feine Würfel schneiden. Die Margarine in einer Pfanne zerlassen und die Zwiebelwürfel darin andünsten. Die Pilze dazugeben und 1 bis 2 Minuten mitbraten. Die Brühe und die Sojasahne hinzufügen, mit Salz, Pfeffer, 1 Prise Kümmel, der Zitronenschale und der Petersilie würzen.

3 Die Farfalle unter die Sauce mischen und kurz erhitzen. Auf vorgewärmte Teller verteilen, nach Belieben mit Petersilie garnieren und servieren. Je nach Geschmack können Sie auch andere Pilze für das Gericht verwenden.

Muschelnudeln
mit Tofu-Pesto-Füllung

Zutaten

Für die Tomatensauce:
1 Zwiebel · 1 Knoblauchzehe
1 EL Olivenöl
400 g stückige Tomaten (aus der Dose)
1/2 TL getrockneter Oregano
Salz · Pfeffer aus der Mühle

Für die Nudeln und das Pesto:
250 g große Muschelnudeln (Conchiglioni) · Salz
2 Handvoll Basilikum
1 Knoblauchzehe
4 EL Olivenöl
50 g Pinienkerne
250 g Seidentofu

Zubereitung

FÜR 4 PERSONEN

1 Für die Tomatensauce die Zwiebel und den Knoblauch schälen und in feine Würfel schneiden. Das Olivenöl in einem Topf erhitzen und beides darin andünsten. Die Tomaten und den Oregano hinzufügen und zugedeckt bei mittlerer Hitze etwa 10 Minuten garen. Mit Salz und Pfeffer würzen.

2 Für die Nudeln die Muschelnudeln in reichlich kochendem Salzwasser nach Packungsanweisung bissfest garen. In ein Sieb abgießen, kalt abschrecken und gut abtropfen lassen.

3 Inzwischen für das Pesto das Basilikum waschen, trocken schütteln und die Blätter abzupfen. Den Knoblauch schälen. Basilikum, Knoblauch, Olivenöl und Pinienkerne im Küchenmixer kurz pürieren, den Tofu dazugeben und alles zu einer cremigen Paste verarbeiten. Mit Salz würzen.

4 Die Muschelnudeln mit dem Pesto füllen und auf Tellern anrichten. Mit der Tomatensauce beträufeln und sofort servieren.

Pappardelle
mit Roter Bete

Eine ganz neue Pastaliebe: Rote Beten und Möhren saftig geschmort und mit Thymian verfeinert – da kommen die Rüben ganz groß raus

Zutaten

4 Möhren
3 Rote Beten (ersatzweise vorgegart und vakuumiert)
Salz
300 g Schalotten
2 EL Olivenöl
3 Zweige Thymian
1 TL Puderzucker
50 ml trockener Weißwein
100 ml Gemüsebrühe
350 g Pappardelle
Pfeffer aus der Mühle

Zubereitung

FÜR 4 PERSONEN

1 Die Möhren putzen, schälen und schräg in längliche Stücke schneiden. Die Roten Beten putzen, schälen und in schmale Spalten schneiden (dabei am besten Einweghandschuhe tragen).

2 Zunächst die Möhren in einem Topf in kochendem Salzwasser 2 Minuten blanchieren. Mit dem Schaumlöffel herausheben und abtropfen lassen. Die Rote-Bete-Spalten in das kochende Salzwasser geben und 12 bis 15 Minuten garen. In ein Sieb abgießen und abtropfen lassen.

3 Die Schalotten schälen und in Spalten schneiden. Das Olivenöl in einer Pfanne erhitzen und die Schalotten darin andünsten. Die Möhren und Roten Beten dazugeben. Den Thymian waschen und trocken schütteln, die Blätter abzupfen und zum Gemüse geben. Mit Puderzucker bestäuben und das Gemüse leicht karamellisieren. Mit dem Wein ablöschen, die Brühe dazugießen und alles etwa 5 Minuten schmoren.

4 Inzwischen die Pappardelle nach Packungsanweisung in reichlich kochendem Salzwasser bissfest garen. Die Nudeln in ein Sieb abgießen, kurz abtropfen lassen und unter das Gemüse mischen. Mit Salz und Pfeffer würzen und servieren.

Tipp› Reichen Sie doch einmal Meerrettich-Apfel-Sahne dazu: 250 g schlagfähige Sojasahne mit 1 Päckchen Sahnesteif steif schlagen, 1 EL Meerrettich und 1 geriebenen Apfel untermischen, mit Salz und Pfeffer würzen.

Mie-Nudeln
mit Tofu und Sprossen

Zutaten

3 Knoblauchzehen

1 EL geriebener Ingwer

2 EL Zitronensaft

4 EL Erdnussöl

4 EL helle Sojasauce · 125 g Tofu

3 Frühlingszwiebeln

1 gelbe Paprikaschote · 1 Möhre

100 g Mungobohnensprossen

50 ml Gemüsebrühe

1 TL brauner Zucker

gemischte gehackte Kräuter (z. B. Thai-Basilikum, Koriander und Minze)

250 g Mie-Nudeln (gegart und abgetropft) · Salz

Zubereitung

FÜR 4 PERSONEN

1 Den Backofen auf 180 °C vorheizen. Den Knoblauch schälen und in feine Würfel schneiden. Je die Hälfte des Knoblauchs und des Ingwers mit dem Zitronensaft, 2 EL Erdnussöl und 2 EL Sojasauce verrühren. Den Tofu trocken tupfen, in Würfel schneiden und mit der Marinade in einer ofenfesten Form mischen. Im Ofen auf der mittleren Schiene etwa 10 Minuten goldbraun backen.

2 Die Frühlingszwiebeln putzen, waschen und in Ringe schneiden. Die Paprika längs halbieren, entkernen und waschen. Die Möhre putzen und schälen. Beides in Streifen schneiden. Sprossen heiß abbrausen und abtropfen lassen.

3 Den restlichen Knoblauch, die Paprika- und Möhrenstreifen in 2 EL Erdnussöl im Wok oder in einer Pfanne unter Rühren etwa 1 Minute anbraten. Die Frühlingszwiebeln, die Sprossen, den restlichen geriebenen Ingwer und die Tofuwürfel dazugeben und unter Rühren weitere 2 Minuten braten. Die übrige Sojasauce, die Brühe, den Zucker und die Kräuter hinzufügen. Die Nudeln untermischen und bei schwacher Hitze 1 bis 2 Minuten zugedeckt erhitzen. Mit Salz würzen.

Waldpilzrisotto
mit Weißwein

Zutaten

750 g gemischte Waldpilze
(z. B. Pfifferlinge, Steinpilze, Maronenröhrlinge)
ca. 800 ml Gemüsebrühe
2 Zwiebeln
1 Knoblauchzehe
3–4 EL Olivenöl
1 Lorbeerblatt
1 Msp. Steinpilzpulver
350 g Risottoreis
150 ml trockener Weißwein
Salz · Pfeffer aus der Mühle
2 EL gehackte Petersilie
200 g Sojasahne
1 EL Margarine

Zubereitung

FÜR 4 PERSONEN

1 Die Pilze putzen, eventuell mit Küchenpapier trocken abreiben und, je nach Größe, ganz lassen oder in Stücke schneiden. Die Brühe erhitzen. Die Zwiebeln und den Knoblauch schälen, die Zwiebeln in feine Würfel schneiden.

2 In einem Topf 1 bis 2 EL Olivenöl erhitzen und die Zwiebeln darin andünsten. Das Lorbeerblatt und das Steinpilzpulver hinzufügen und den Knoblauch dazupressen. Den Reis dazugeben und kurz mitdünsten.

3 Mit dem Wein ablöschen und etwas einkochen lassen. Ein Viertel der heißen Brühe angießen und mit Salz und Pfeffer würzen. Den Reis bei schwacher Hitze etwa 20 Minuten ausquellen lassen, dabei nach und nach die restliche Brühe angießen. Gelegentlich umrühren.

4 Die Pilze portionsweise im restlichen Olivenöl goldbraun braten, mit Salz und Pfeffer würzen und mit der Petersilie unter den Risotto mischen. Die Sojasahne und die Margarine unter den Risotto rühren. Das Lorbeerblatt entfernen, den Risotto abschmecken und sofort servieren.

Gemüsereis
mit Zimt und Nelken

Ein tiefer Griff in die Gewürzkiste: Kardamom, Gewürznelken und Zimt schmecken eben nicht nur an Weihnachten, sondern das ganze Jahr

Zutaten

120 g Erbsen (TK)
2 Möhren · 1 Zwiebel
1 Knoblauchzehe · 2 EL Öl
1 kleine Zimtstange
2 Gewürznelken
1 grüne Kardamomkapsel
300 g Basmatireis
ca. 3 EL Limettensaft
600 ml Gemüsebrühe
2 Handvoll junger Blattspinat
Salz · Pfeffer aus der Mühle

Zubereitung

FÜR 4 PERSONEN

1 Die Erbsen auftauen lassen. Die Möhren putzen, schälen und in kleine Würfel schneiden. Die Zwiebel und den Knoblauch schälen und in feine Würfel schneiden.

2 Das Öl in einem Topf erhitzen, die Zwiebel und den Knoblauch darin bei schwacher Hitze andünsten. Den Zimt, die Nelken und den Kardamom mit dem Reis hinzufügen und alles unter Rühren 1 bis 2 Minuten andünsten. Mit dem Limettensaft ablöschen und die Brühe dazugießen. Die Möhrenwürfel hinzufügen. Den Gewürzreis zugedeckt bei schwacher Hitze 12 bis 15 Minuten bissfest garen. Dabei öfter umrühren.

3 Inzwischen die Spinatblätter verlesen, waschen und abtropfen lassen. Etwa 2 Minuten vor Ende der Garzeit die Erbsen unter den Reis mischen und erhitzen. Kurz vor dem Servieren die Spinatblätter unter den Gemüsereis rühren und den Reis mit Salz, Pfeffer und Limettensaft abschmecken. Dazu können Sie auch Mangochutney und mit Kreuzkümmel gewürzten Sojajoghurt reichen.

Tipp› Richtig orientalisch wird der Reis, wenn Sie Berberitzen hinzufügen: 2 EL getrocknete Berberitzen in einer Pfanne in 1 EL Öl kurz andünsten und nach 10 Minuten Garzeit zum Reis geben.

Paprikareis
mit schwarzen Bohnen

Unkonventionell und ganz einfach gemacht – eine Spezialität aus der Karibik sorgt für Abwechslung auf heimischen Tellern

Zutaten

250 g getrocknete schwarze Bohnen
2 Zwiebeln
1 Gemüsezwiebel
2 Knoblauchzehen
je 1 rote und grüne Paprikaschote
3 EL Öl
300 g Langkornreis
1 EL Tomatenmark
1 TL getrockneter Oregano
1 Lorbeerblatt
Salz · Pfeffer aus der Mühle
Petersilie für die Deko
2 EL Kokosflocken
1 TL Sambal Oelek

Zubereitung

FÜR 4 PERSONEN

1 Die Bohnen über Nacht in kaltem Wasser einweichen. Am nächsten Tag das Wasser abgießen und die Bohnen in einem Topf mit reichlich Wasser bedeckt aufkochen. Zugedeckt etwa 1 Stunde garen. Anschließend in ein Sieb abgießen, dabei das Kochwasser auffangen.

2 Die Zwiebeln, die Gemüsezwiebel und den Knoblauch schälen und in feine Würfel schneiden. Die Paprikaschoten längs halbieren, entkernen, waschen und in kleine Würfel schneiden. Die Gemüsezwiebel beiseitestellen.

3 In einem Topf 2 EL Öl erhitzen, die Zwiebeln, den Knoblauch und die Paprikaschoten darin unter Rühren andünsten. Mit etwa 600 ml des Bohnenkochwassers ablöschen.

4 Den Reis auf einem Sieb unter fließendem kaltem Wasser waschen, bis das Wasser klar abläuft. Den Reis mit den Bohnen, dem Tomatenmark, dem Oregano und dem Lorbeerblatt zum Gemüse in den Topf geben. Mit Salz und Pfeffer würzen und unter gelegentlichem Rühren bei schwacher Hitze etwa 20 Minuten garen. Nach Bedarf weiteres Bohnenkochwasser angießen, am Ende sollte jedoch alle Flüssigkeit aufgesogen worden sein.

5 Das restliche Öl in einer Pfanne erhitzen und die Gemüsezwiebel darin goldbraun braten, Kokosflocken und Sambal Oelek unterrühren. Den Paprikareis mit Salz und Pfeffer abschmecken und mit Petersilie garnieren, den Gemüsezwiebeldip dazu reichen.

Tipp› Dieses Gericht stammt ursprünglich aus Kuba und wird dort »Moros y Cristianos«, zu Deutsch Mauren und Christen genannt, in Anlehnung an die Zutaten: schwarze Bohnen und weißer Reis.

Gefüllte Paprika
mit Couscous und Korinthen

Geschmackvoll verpackt: Unter der roten Gemüsehaube wartet eine raffiniert gewürzte Füllung auf ihre Entdeckung

Zutaten

1 Bio-Zitrone
3 EL Mandelblättchen
1 rote Peperoni
1/4 l Gemüsebrühe
40 g Korinthen
1 EL Senfkörner
1 TL Korianderkörner
200 g Instant-Couscous
2 EL Öl
Salz · Pfeffer aus der Mühle
4 rote Paprikaschoten
8–12 Stiele Koriander
1 Zwiebel
1 Knoblauchzehe
1 EL Olivenöl · 1/2 EL Zucker
1 EL Zitronensaft
800 g stückige Tomaten (aus der Dose)
2–3 getrocknete Curryblätter
gemahlener Kreuzkümmel

Zubereitung

FÜR 4 PERSONEN

1 Die Zitrone heiß waschen, trocken reiben und in Stücke schneiden. Die Mandelblättchen in einer Pfanne ohne Fett goldbraun rösten. Die Peperoni putzen, waschen und in Ringe schneiden, nach Belieben entkernen.

2 Die Brühe mit den Zitronenstücken, den Peperoniringen, den Korinthen, den Senf- und den Korianderkörnern aufkochen. Den Couscous in einer Schüssel mit der heißen Brühe übergießen und 5 Minuten quellen lassen. Dann mit einer Gabel auflockern, dabei das Öl und die gerösteten Mandelblättchen unterrühren. Die Mischung mit Salz und Pfeffer würzen.

3 Von jeder Paprikaschote einen Deckel abschneiden, die Schoten entkernen, waschen und mit dem Couscous füllen. Die Deckel wieder auf die Schoten setzen. Koriander waschen, trocken schütteln und auf die gefüllten Paprika verteilen.

4 Den Backofen auf 160 °C Umluft vorheizen. Die Zwiebel und den Knoblauch schälen und in feine Würfel schneiden. Das Olivenöl in einem Schmortopf erhitzen, die Zwiebel und den Knoblauch darin andünsten. Mit dem Zucker bestreuen und leicht karamellisieren. Mit dem Zitronensaft ablöschen, die Dosentomaten und die Curryblätter hinzufügen. Die Sauce mit Salz, Pfeffer und Kreuzkümmel würzen.

5 Die gefüllten Paprikaschoten in die Sauce setzen und zugedeckt im Ofen auf der mittleren Schiene etwa 50 Minuten schmoren. Die Paprikaschoten mit der Schmorsauce auf Tellern anrichten und sofort servieren.

Paprika-Couscous
mit Birnen-Rucola-Pesto

Zutaten

je 1 rote und gelbe Paprikaschote

1 Zucchino

3 Frühlingszwiebeln

2 Knoblauchzehen

ca. 6 EL Olivenöl

Salz · Pfeffer aus der Mühle

1 TL Harissapulver

1 EL Zitronensaft

250 g Instant-Couscous

1/4 l Gemüsebrühe

1 feste Birne

1 Bund Rucola

50 g Pinienkerne

1 TL Agavensirup

Zubereitung

FÜR 4–6 PERSONEN

1 Paprika längs halbieren, entkernen, waschen und klein schneiden. Zucchino und Frühlingszwiebeln putzen und waschen und in Streifen oder Ringe bzw. in Scheiben schneiden. Den Knoblauch schälen und in feine Würfel schneiden.

2 In einem Topf 2 EL Olivenöl erhitzen. Die Paprika, den Zucchino, die Frühlingszwiebeln und die Hälfte des Knoblauchs darin andünsten. Mit Salz, Pfeffer und Harissa würzen. Mit dem Zitronensaft ablöschen und zugedeckt bei schwacher Hitze 3 Minuten bissfest garen.

3 Den Couscous in einer Schüssel mit der heißen Brühe übergießen und 5 Minuten quellen lassen. Den Couscous mit einer Gabel auflockern, das bissfest gedünstete Gemüse unterrühren und warm halten.

4 Die Birne vierteln, schälen, entkernen und in Stücke schneiden. Den Rucola verlesen, waschen und trocken schütteln, grobe Stiele entfernen. Die Blätter grob hacken. Birne, Rucola, Pinienkerne, Sirup und restlichen Knoblauch mit etwa 4 EL Olivenöl im Küchenmixer pürieren. Mit Salz und Pfeffer würzen. Den Paprika-Couscous mit dem Birnen-Rucola-Pesto anrichten.

Couscous
mit Romanesco-Ratatouille

Zutaten

1 Romanesco · Salz
5 Tomaten
1 Aubergine
1 weiße Gemüsezwiebel
2 Knoblauchzehen
je 1 Zweig Thymian und Rosmarin
200 g Instant-Couscous
300 ml Gemüsebrühe
2 EL Olivenöl
Pfeffer aus der Mühle
4 EL Sojajoghurt
ca. 1/2 TL Currypulver

Zubereitung

FÜR 4 PERSONEN

1 Den Romanesco putzen, waschen, in Röschen teilen und in kochendem Salzwasser 2 bis 3 Minuten blanchieren. Röschen in ein Sieb abgießen, kalt abschrecken und abtropfen lassen.

2 Die Tomaten waschen und halbieren, die Kerne mit einem Löffel herauslösen und mit dem Stabmixer pürieren. Das Fruchtfleisch in Stücke schneiden. Die Aubergine putzen, waschen und ebenfalls in Stücke schneiden. Zwiebel und Knoblauch schälen und in feine Würfel schneiden. Kräuter waschen und trocken tupfen.

3 Couscous in einer Schüssel mit 200 ml heißer Brühe übergießen und 5 Minuten quellen lassen. Das Olivenöl in einer tiefen Pfanne erhitzen und Aubergine, Zwiebel und Knoblauch darin andünsten, mit Salz und Pfeffer würzen. Tomatenstücke, pürierte Tomatenkerne, die restliche Brühe und die Kräuter dazugeben und alles aufkochen. Den Romanesco kurz darin erhitzen und mit Salz und Pfeffer abschmecken.

4 Den Couscous mit einer Gabel auflockern. Mit der Ratatouille auf Tellern oder in Schälchen anrichten und je 1 EL Sojajoghurt und etwas Currypulver daraufgeben.

Gefüllte Auberginen
mit Couscous und Tomaten

Kleiner Aufwand, große Wirkung: ein einfaches Rezept, mit dem Sie jedem Koch von Istanbul bis Casablanca Konkurrenz machen

Zutaten

100 g Instant-Couscous
100 ml Gemüsebrühe
1 Bio-Zitrone
1 Aubergine
8 Cocktailtomaten
1 gelbe Paprikaschote
1 Zwiebel
1 Knoblauchzehe
1 EL Olivenöl
Salz · Pfeffer aus der Mühle
Öl für die Form
3 Zweige Thymian

Zubereitung

FÜR 2 PERSONEN

1 Den Couscous in einer Schüssel mit der heißen Brühe übergießen und 5 Minuten quellen lassen. Die Zitrone heiß waschen, trocken reiben und die Schale fein abreiben. Den Saft auspressen und die Zitronenhälften aufbewahren.

2 Die Aubergine putzen, waschen und längs halbieren. Das Fruchtfleisch mit einem Löffel herauslösen, dabei einen Rand stehen lassen. Das Fruchtfleisch in Würfel schneiden und mit 1 EL Zitronensaft in einer Schüssel mischen. Die ausgehöhlten Auberginenhälften innen mit der aufgeschnittenen Zitrone einreiben.

3 Die Cocktailtomaten waschen und vierteln. Die Paprikaschote längs halbieren, entkernen, waschen und klein schneiden. Die Zwiebel und den Knoblauch schälen und in feine Würfel schneiden. Das Olivenöl in einer Pfanne erhitzen und die Zwiebel, den Knoblauch und die Paprika darin unter Rühren bei schwacher bis mittlerer Hitze 3 Minuten andünsten. Die Auberginenstücke hinzufügen und 2 Minuten mitbraten, mit Salz und Pfeffer würzen. Die Pfanne vom Herd nehmen.

4 Den Backofen auf 200 °C vorheizen. Eine längliche ofenfeste Form einfetten. Den Couscous mit einer Gabel auflockern und mit den Tomaten in die Pfanne geben. Den Thymian waschen und trocken schütteln, die Blättchen abzupfen, ebenfalls hinzufügen und untermischen. Die Couscous-Gemüse-Mischung mit Zitronenschale und restlichem -saft, Salz und Pfeffer würzen und in die Auberginenhälften füllen.

5 Die gefüllten Auberginen in die Form setzen und im Ofen auf der mittleren Schiene 20 bis 25 Minuten weich garen. Dazu grünen Salat und türkisches Fladenbrot servieren.

Bulgur
mit Möhren-Quitten-Gemüse

Zutaten

2 Schalotten

1 Knoblauchzehe

1 haselnussgroßes Stück Ingwer

5 Möhren · 2 Quitten

3 EL Zitronensaft · 2 EL Zucker

80 ml trockener Weißwein

80 ml Gemüsebrühe

80 g ungesalzene Erdnüsse

Salz · Pfeffer aus der Mühle

1 Msp. Zimtpulver

1/2 TL Paprikapulver (edelsüß)

ca. 630 ml Gemüsebrühe

250 g Bulgur

300 g Sojajoghurt

2 EL gehackte Petersilie

Zubereitung

FÜR 4 PERSONEN

1 Schalotten, Knoblauch und Ingwer schälen und in feine Würfel schneiden. Die Möhren putzen, schälen, der Länge nach vierteln und in 6 bis 8 cm lange Stücke schneiden. Die Quitten vierteln, schälen und entkernen. Die Viertel in feine Spalten schneiden und mit 2 EL Zitronensaft beträufeln.

2 Den Zucker in einem Topf karamellisieren, Schalotten, Knoblauch, Ingwer und Quitten dazugeben und kurz andünsten. Mit dem Wein und der Brühe ablöschen, bei mittlerer Hitze etwa 15 Minuten köcheln lassen. Die Möhren hinzufügen und 5 bis 10 Minuten mitgaren. Die Nüsse untermischen und mit Salz, Pfeffer, Zimt und Paprikapulver abschmecken.

3 Inzwischen Brühe aufkochen, vom Herd nehmen, den Bulgur unterrühren und 15 Minuten zugedeckt quellen lassen. Mit einer Gabel auflockern.

4 Für den Dip den Sojajoghurt mit dem restlichen Zitronensaft verrühren. Die Petersilie untermischen und mit Salz und Pfeffer würzen. Zum Bulgur und dem Möhren-Quitten-Gemüse reichen.

Hirsepuffer
mit Tomatensalat

Zutaten

Für die Puffer:

250 g Hirse · Salz

2 Schalotten

4 Stiele Petersilie

50 g Haselnusskerne

1 EL Sojamehl

1 EL Mehl

Pfeffer aus der Mühle · 3 EL Öl

Für den Salat:

6 Tomaten · 1 rote Zwiebel

3 Stiele Basilikum

2 EL Balsamico bianco

3 EL Olivenöl

Salz · Pfeffer aus der Mühle

Zubereitung

FÜR 4 PERSONEN

1 Für die Puffer in einem Topf 1/2 l Wasser mit 1/2 TL Salz zum Kochen bringen und die Hirse bei mittlerer Hitze 30 Minuten ausquellen lassen. Die Schalotten schälen und in feine Würfel schneiden. Die Petersilie waschen und trocken tupfen, die Blätter abzupfen und fein hacken. Die Haselnüsse grob hacken.

2 Für den Salat die Tomaten waschen, in Scheiben schneiden, dabei die Stielansätze entfernen. Die Zwiebel schälen und in feine Streifen schneiden. Basilikum waschen, trocken tupfen und die Blätter abzupfen. Essig, Olivenöl, Salz, und Pfeffer verrühren, mit den Tomaten und der Zwiebel mischen. Den Tomatensalat mit den Basilikumblättern bestreuen.

3 Das Sojamehl mit etwa 3 EL Wasser verrühren und mit Hirse, Schalotten, Haselnüssen, Petersilie und Mehl mischen. Mit Salz und Pfeffer würzen. Das Öl in einer Pfanne erhitzen, je 2 EL der Hirsemasse hineingeben, zu flachen Puffern verstreichen und auf beiden Seite goldbraun braten. Herausnehmen und mit dem Salat servieren. Dazu passt Avocadocreme (siehe S. 32).

Gemüse-Quinoa
mit Tomaten und Paprika

Multitalent aus Südamerika: Die Blätter des Quinoa dienen als Salat, die senfkorngroßen Samen sind getreideähnlich verwendbar

Zutaten

Für den Quinoa:
150 g Quinoa (Inkareis)
300 ml Gemüsebrühe

Für das Gemüse:
4 Tomaten
1 Zwiebel
1 Knoblauchzehe
1 Zucchino
2 gelbe Paprikaschoten
2–3 EL Olivenöl
Salz
Zitronensaft
Pfeffer aus der Mühle
Currypulver
gemahlener Kreuzkümmel
1 EL gehackte Petersilie

Zubereitung

FÜR 4 PERSONEN

1 Den Quinoa auf einem Sieb gründlich mit kaltem Wasser abspülen. Die Brühe in einem Topf zum Kochen bringen, den Quinoa dazugeben und zugedeckt bei schwacher Hitze etwa 15 Minuten ausquellen lassen. Vom Herd nehmen, falls nötig, in ein Sieb abgießen und auskühlen lassen.

2 Für das Gemüse die Tomaten waschen, halbieren, entkernen und in Würfel schneiden, dabei die Stielansätze entfernen. Die Zwiebel und den Knoblauch schälen und in feine Würfel schneiden. Den Zucchino putzen, waschen und in Würfel schneiden. Die Paprikaschoten längs halbieren, entkernen, waschen und ebenfalls in Würfel schneiden.

3 Das Olivenöl in einer Pfanne erhitzen, die Zwiebel und den Knoblauch darin andünsten. Den Zucchino und die Paprikaschoten dazugeben und bei mittlerer Hitze 3 bis 4 Minuten mitdünsten. Die Tomaten untermischen und das Gemüse mit Salz, 1 Spritzer Zitronensaft, Pfeffer, Currypulver und Kreuzkümmel würzen.

4 Den Quinoa unter das Gemüse heben, erhitzen und mit Salz und Pfeffer abschmecken. Die Petersilie unter den Gemüse-Quinoa mischen und servieren. Dazu passen eine Avocadosalsa (siehe S. 26) und etwas gehackter Koriander.

Tipp› Der Quinoa schmeckt auch sehr gut mit einer anderen Gemüseauswahl. Probieren Sie ihn zur Abwechslung auch einmal mit Aubergine, Fenchel oder Staudensellerie.

Buchweizen
mit Paprika und Champignons

Mediterrane Note: Dieses Gericht mit gehaltvollem Buchweizen überzeugt durch seinen Mix aus knackigem Gemüse und Rosmarinaroma

Zutaten

250 g Buchweizen
Salz
2 gelbe Paprikaschoten
250 g braune Champignons
1 großer Zucchino
1 Aubergine
1 Zwiebel
1 Knoblauchzehe
2 Zweige Rosmarin
2 EL Öl
Pfeffer aus der Mühle
1 TL alter Aceto balsamico

Zubereitung

FÜR 4 PERSONEN

1. Den Buchweizen auf einem Sieb gründlich mit kaltem Wasser abspülen. In einem Topf mit der doppelten Menge Salzwasser aufkochen und zugedeckt bei schwacher Hitze 20 bis 25 Minuten ausquellen lassen.

2. Die Paprikaschoten längs halbieren, entkernen, waschen und in Würfel schneiden. Die Champignons putzen, falls nötig, trocken abreiben und vierteln. Den Zucchino und die Aubergine putzen, waschen und in Würfel schneiden. Die Zwiebel und den Knoblauch schälen und in feine Würfel schneiden. Den Rosmarin waschen, trocken tupfen und die Nadeln abzupfen.

3. Das Öl in einer Pfanne erhitzen, die Zwiebel und den Knoblauch darin andünsten. Das Gemüse und den Rosmarin dazugeben und bei mittlerer Hitze 4 bis 5 Minuten mitdünsten. Mit Salz, Pfeffer und Balsamico würzen.

4. Den gegarten Buchweizen mit dem Gemüse auf Tellern anrichten und servieren.

Tipp› Sie können das Gericht nach Belieben abändern, indem Sie anstatt Buchweizen z. B. auch einmal Couscous verwenden. Das Gemüse können Sie ebenso nach Lust und Laune variieren.

Indische Grießplätzchen
mit Tomaten und Chili

Aromatisch würzig: Die indische Antwort auf Pfannkuchen hat es in sich – mit fruchtigen Tomaten und pikanter Chili

Zutaten

2 Frühlingszwiebeln
1 grüne Chilischote
2 Tomaten
2 Knoblauchzehen
150 g Weichweizengrieß
150 g Kichererbsenmehl
4 – 5 EL Öl
1 TL Kreuzkümmelsamen
1/2 TL schwarze Senfsamen
Salz

Zubereitung

FÜR 4 PERSONEN

1 Die Frühlingszwiebeln putzen, waschen und in feine Ringe schneiden. Die Chilischote längs halbieren, entkernen, waschen und in feine Würfel schneiden. Die Tomaten waschen, halbieren, entkernen und in kleine Würfel schneiden, dabei die Stielansätze entfernen. Den Knoblauch schälen und in feine Würfel schneiden.

2 Den Grieß mit dem Kichererbsenmehl in einer Schüssel vermischen und mit 400 ml Wasser zu einem pfannkuchenähnlichen Teig verrühren. Bei Bedarf noch etwas Wasser dazugeben und den Teig etwa 20 Minuten quellen lassen.

3 In einer Pfanne 1 EL Öl erhitzen und die Frühlingszwiebeln, die Chilischote und den Knoblauch darin andünsten. Dann den Kreuzkümmel und die Senfsamen dazugeben, kurz mitdünsten und die Pfanne vom Herd nehmen. Die Gewürzmischung mit den Tomaten unter den Teig heben und mit Salz würzen.

4 Den Backofen auf 80 °C vorheizen. Etwas Öl in einer Pfanne erhitzen, portionsweise 1 bis 2 EL Teig zu Plätzchen von etwa 12 cm Durchmesser verstreichen und auf beiden Seiten 2 bis 3 Minuten ausbacken. Bereits gebackene Plätzchen im Ofen warm halten. Die indischen Grießplätzchen nach Belieben mit einem Soja-Joghurt-Dip (siehe S. 128) oder einem Salat servieren.

Tipp› Anstelle von frischen Tomaten können Sie für die indischen Grießplätzchen auch getrocknete, in Öl eingelegte Tomaten (aus dem Glas) verwenden – sie sind besonders aromatisch.

Kartoffeln, Gemüse & Tofu

Bratkartoffeln
mit Cocktailtomaten

Von Bratkartoffeln kann man nie genug bekommen, vor allem dann nicht, wenn sie wie hier sommerlich frisch daherkommen

Zutaten

800 g kleine festkochende Kartoffeln
Salz
2–3 EL Öl
2 rote Zwiebeln
200 g Cocktailtomaten
4 Zweige Thymian
Pfeffer aus der Mühle

Zubereitung

FÜR 4–6 PERSONEN

1 Am Vortag die Kartoffeln gründlich waschen und mit der Schale in Salzwasser etwa 15 Minuten garen. Die Kartoffeln in ein Sieb abgießen, kalt abschrecken und auskühlen lassen.

2 Am nächsten Tag die Kartoffeln pellen und in Spalten schneiden. Das Öl in einer großen Pfanne erhitzen und die Kartoffelspalten darin bei mittlerer Hitze etwa 15 Minuten goldbraun braten, dabei einmal wenden.

3 Inzwischen die Zwiebeln schälen und in Spalten schneiden. Die Tomaten waschen und halbieren. Die Zwiebeln nach etwa 5 Minuten und die Tomaten nach 10 Minuten zu den Kartoffeln geben und mitbraten.

4 Den Thymian waschen, trocken tupfen und die Blättchen abzupfen. Unter die Bratkartoffeln mischen, mit Salz und Pfeffer würzen und servieren. Dazu passt ein mit Vinaigrette marinierter gemischter Blattsalat oder eine Salsa verde (siehe Tipp).

Tipp› Salsa verde: Je 1 Bund gehackte Petersilie und Basilikum, 2 EL Kapern, 1 TL abgeriebene Bio-Zitronenschale, 2 Knoblauchzehen, 2 EL gehackte Mandeln und 150 ml Olivenöl pürieren, salzen und pfeffern.

Ofenkartoffeln
mit zweierlei Dips

Zutaten

12 festkochende Kartoffeln
1 Aubergine · Salz
200 g Sojajoghurt
125 g Seidentofu
2 TL Zitronensaft
1 TL geriebener Meerrettich
1 Knoblauchzehe
1 TL abgeriebene
Bio-Zitronenschale
Pfeffer aus der Mühle
1 – 2 EL Olivenöl
120 g Rote Bete
(vorgegart und vakuumiert)
1 Kästchen Gartenkresse

Zubereitung

FÜR 4 PERSONEN

1 Den Backofen auf 160 °C Umluft vorheizen. Die Kartoffeln mit der Schale gründlich waschen. Mehrmals mit einer Gabel einstechen und einzeln in Alufolie wickeln. Auf dem Gitter im Ofen auf der mittleren Schiene etwa 1 Stunde backen.

2 Die Aubergine putzen, waschen, in dünne Scheiben schneiden, salzen und 15 Minuten ziehen lassen. Sojajoghurt mit Tofu glatt rühren und halbieren. Eine Hälfte mit Zitronensaft und Meerrettich würzen. Den Knoblauch schälen, in feine Würfel schneiden und mit der Zitronenschale unter die andere Hälfte der Creme rühren. Beide Dips mit Salz und Pfeffer würzen.

3 Die Auberginenscheiben trocken tupfen und in einer Pfanne im Olivenöl auf beiden Seiten 2 bis 3 Minuten braten und pfeffern. Die Rote Bete in dünne Scheiben schneiden. Die Kresse vom Beet schneiden, waschen und trocken tupfen. Die Kartoffeln aus der Folie wickeln, kreuzweise tief einschneiden, leicht aufdrücken und mit den Dips füllen. Die Meerrettichcreme-Kartoffeln mit Rote Bete und Kresse garnieren. Die Knoblauchcreme-Kartoffeln mit Auberginen garnieren.

Kartoffelrösti
mit Apfelmus

Zutaten

Für das Apfelmus:
1 – 2 EL Zucker
4 EL Zitronensaft
1 Stück Zimtstange
2 säuerliche Äpfel (z. B. Boskop)

Für die Rösti:
500 g vorwiegend festkochende Kartoffeln
6 EL Öl
Salz
Pfeffer aus der Mühle

Zubereitung

FÜR 4 PERSONEN

1 Für das Apfelmus in einem Topf 100 ml Wasser mit Zucker, Zitronensaft und Zimtstange zum Kochen bringen. Inzwischen die Äpfel schälen, vierteln, entkernen und in kleine Würfel schneiden. Die Apfelwürfel im Zitronensud bei schwacher Hitze etwa 10 Minuten köcheln, bis sie zerfallen. Die Zimtstange entfernen, das Apfelmus beiseitestellen.

2 Für die Rösti den Backofen auf 70 °C Umluft vorheizen. Die Kartoffeln schälen, waschen, raspeln und in einem Küchentuch ausdrücken.

3 Wenig Öl in einer beschichteten Pfanne erhitzen. Von den Kartoffelraspeln mit einem Esslöffel kleine Portionen abnehmen, in die Pfanne setzen und verstreichen. Die Rösti portionsweise bei mittlerer Hitze auf beiden Seiten goldbraun braten. Im Ofen warm halten, bis alle Rösti gebraten sind. Mit Salz und Pfeffer würzen und mit dem Apfelmus servieren.

Kleine Kartoffelpizzen
mit Löwenzahn-Pesto

Pizza einmal anders: mit hauchdünnen Kartoffelscheiben belegt und mit würzigem Löwenzahn-Pesto beträufelt

Zutaten

Für das Pesto:

1–2 Knoblauchzehen
150 g Löwenzahn
60 g Pinienkerne
80 ml Olivenöl
1/2 TL abgeriebene Bio-Zitronenschale
Salz · Pfeffer aus der Mühle
Zucker

Für die Pizzen:

je 2 Zweige Thymian und Rosmarin
1/2 Würfel Hefe (21 g)
ca. 450 g Mehl
Salz · 2 EL Olivenöl
300 g vorwiegend festkochende Kartoffeln
200 g Tofu · 100 g Sojasahne
Kräutersalz
Salz · Pfeffer aus der Mühle

Außerdem:

Mehl für die Arbeitsfläche
Olivenöl für die Bleche

Zubereitung

FÜR ETWA 12 STÜCK

1 Für das Pesto den Knoblauch schälen und in feine Würfel schneiden. Den Löwenzahn verlesen, waschen, trocken schleudern und fein hacken. Die Pinienkerne in einer Pfanne ohne Fett goldbraun rösten, etwas Olivenöl und den Knoblauch dazugeben. Kurz andünsten, mit Löwenzahn und Zitronenschale in einem hohen Rührbecher mit dem Stabmixer kurz pürieren. Dann das restliche Öl untermischen. Mit Salz, Pfeffer und 1 Prise Zucker abschmecken.

2 Für die Pizzen Thymian und Rosmarin waschen und trocken schütteln. Die Blättchen bzw. Nadeln abzupfen und fein hacken. Die Hefe zerbröckeln und in etwa 50 ml lauwarmem Wasser auflösen. Das Mehl mit 1 TL Salz und Kräutern mischen und in die Mitte eine Mulde drücken. Die aufgelöste Hefe hineingießen. Etwas Mehl darüberstreuen und den Vorteig zugedeckt an einem warmen Ort etwa 15 Minuten gehen lassen.

3 Anschließend etwa 175 ml lauwarmes Wasser und das Olivenöl zu dem Mehlgemisch hinzufügen, alles kurz verrühren. Dann auf der bemehlten Arbeitsfläche zu einem glatten, elastischen Teig verkneten, zu einer Kugel formen und in der Schüssel zugedeckt etwa 45 Minuten gehen lassen. Die Kartoffeln schälen, waschen und in sehr feine Scheiben schneiden.

4 Den Backofen auf 220 °C vorheizen. Den Tofu, Sojasahne und 1/2 TL Kräutersalz mit dem Stabmixer fein pürieren. Den Hefeteig nochmals kräftig durchkneten. In 12 Portionen teilen und auf der bemehlten Arbeitsfläche zu kleinen Pizzen ausrollen. Mit der Creme bestreichen, dachziegelartig mit den Kartoffelscheiben belegen und mit Salz und Pfeffer würzen.

5 Die Pizzen mit etwas Abstand auf zwei geölte Backbleche legen und nacheinander im Ofen auf der mittleren Schiene 15 Minuten backen. Herausnehmen und mit dem Pesto beträufeln.

Kartoffelauflauf
mit Austernpilzen und Kurkuma

Eine perfekte Liaison: Die Kombi aus Kartoffeln und Austernpilzen schmeckt das ganze Jahr über

Zutaten

700 g festkochende Kartoffeln
Salz
300 g Austernpilze
1 Knoblauchzehe
2 Zwiebeln
2 EL Öl
80 ml trockener Weißwein
150 ml Gemüsebrühe
Pfeffer aus der Mühle
1 TL gemahlene Kurkuma
2 EL gehackte Petersilie

Zubereitung

FÜR 4 PERSONEN

1 Die Kartoffeln mit der Schale gründlich waschen und in Salzwasser weich garen. Die Kartoffeln abgießen, ausdampfen lassen und möglichst heiß pellen.

2 Den Backofen auf 160 °C vorheizen. Die Kartoffeln in Scheiben schneiden. Die Austernpilze putzen, falls nötig, trocken abreiben und in feine Scheiben schneiden. Den Knoblauch und die Zwiebeln schälen, den Knoblauch in feine Würfel und die Zwiebeln in Ringe schneiden.

3 Das Öl in einer Pfanne erhitzen, den Knoblauch und die Zwiebeln darin bei mittlerer Hitze andünsten.

4 Austernpilze kurz in der Pfanne mitbraten. Mit Wein und Brühe ablöschen, die Flüssigkeit etwas einkochen lassen und die Pilze mit Salz und Pfeffer würzen.

5 Die Kartoffelscheiben in eine Auflaufform geben, die Kurkuma darüberstreuen und die Pilze auf den Kartoffeln verteilen. Den Auflauf im Ofen auf der mittleren Schiene etwa 10 Minuten garen.

6 Den Austernpilz-Kartoffel-Auflauf aus dem Ofen nehmen und mit der Petersilie bestreut servieren.

Tipp› Wer gerne noch eine Sauce zum Auflauf möchte, kann entweder mit Margarine eine Mehlschwitze zubereiten oder Sojajoghurt mit gehackten Kräutern mischen und mit Salz und Pfeffer würzen.

Asia-Gemüse
mit Zuckerschoten und Möhren

Wenn die Zeit knapp bemessen ist, sollten Sie den Wok aus dem Schrank holen und pfannengerührtes Gemüse servieren

Zutaten

2 Knoblauchzehen
1 walnussgroßes Stück Ingwer
1 rote Chilischote
2 Zucchini
400 g Möhren
400 g Zuckerschoten
2 EL ganze geschälte Mandeln
2 EL Sesamöl
350 – 400 ml Kokosmilch
Salz
1 – 2 EL Zitronensaft
brauner Zucker

Zubereitung

FÜR 4 PERSONEN

1 Den Knoblauch und den Ingwer schälen und in feine Würfel schneiden. Die Chilischote längs halbieren, entkernen, waschen und ebenfalls in feine Würfel schneiden.

2 Die Zucchini putzen, waschen, längs halbieren und quer in dünne Scheiben schneiden. Die Möhren putzen, schälen und in Stifte schneiden. Die Zuckerschoten putzen, waschen und schräg halbieren.

3 Die Mandeln im Wok ohne Fett leicht anrösten, herausnehmen, abkühlen lassen und hacken. Das Sesamöl im Wok erhitzen, Knoblauch und Ingwer darin anbraten. Die Möhren dazugeben und unter Rühren 3 bis 4 Minuten braten. Dann das restliche Gemüse untermischen, kurz mitbraten und mit der Kokosmilch ablöschen.

4 Die Chilischote und die gehackten Mandeln dazugeben, mit Salz würzen und bei mittlerer Hitze 5 Minuten köcheln lassen. Das Asia-Gemüse mit Zitronensaft und Zucker abschmecken und auf Tellern anrichten. Nach Belieben mit Reis servieren und mit Minze garnieren.

Tipp› Zum Schälen von Mandeln diese kurz in kochendem Wasser blanchieren und anschließend kalt abschrecken. Die Mandeln lassen sich dann ganz einfach mit den Fingern aus den Häutchen drücken.

Spinatpizza
mit Champignons

Ein Klassiker unter den Pizzen und dennoch alles andere als langweilig – dank frischer Pilze und feiner Knoblauchnote

Zutaten

Für den Hefeteig:

1/2 Würfel frische Hefe (21 g)

Zucker

450 g Mehl

Salz

4 EL Olivenöl

Für den Belag:

150 g Champignons

400 g Blattspinat

1 Zwiebel

2 Knoblauchzehen

3 EL Olivenöl

3 EL Pinienkerne

Salz · Pfeffer aus der Mühle

frisch geriebene Muskatnuss

100 g veganer Frischkäse (siehe S. 11; ersatzweise pflanzlicher Brotaufstrich)

Außerdem:

Mehl für die Arbeitsfläche

Olivenöl für die Bleche

Zubereitung

FÜR 4 PERSONEN

1 Für den Hefeteig die Hefe zerbröckeln und in 200 ml lauwarmem Wasser mit 1 Prise Zucker auflösen. Das Mehl mit 1 TL Salz in einer Schüssel mischen und eine Mulde hineindrücken. Die aufgelöste Hefe und das Olivenöl hineingießen, alles mit den Knethaken des Handrührgeräts kurz verrühren. Dann auf der bemehlten Arbeitsfläche zu einem glatten, elastischen Teig verkneten. Den Teig in der Schüssel mit Frischhaltefolie zugedeckt an einem warmen Ort etwa 1 Stunde gehen lassen.

2 Den Backofen mit den Backblechen auf 220 °C vorheizen. Für den Belag die Champignons putzen und, falls nötig, trocken abreiben. Die Pilze in feine Scheiben schneiden. Den Spinat verlesen und waschen, grobe Stiele entfernen. Tropfnass in einem Topf bei schwacher Hitze zusammenfallen lassen, dann in ein Sieb geben und ausdrücken.

3 Die Zwiebel und den Knoblauch schälen und in feine Würfel schneiden. In einer Pfanne 2 EL Olivenöl erhitzen und die Zwiebel, den Knoblauch und die Pilze darin bei mittlerer Hitze andünsten. Den Spinat und die Pinienkerne fein hacken, mit den angedünsteten Pilzen in der Pfanne mischen und mit Salz, Pfeffer und 1 Prise Muskatnuss würzen.

4 Den Hefeteig nochmals kräftig durchkneten. In 4 Portionen teilen und auf der bemehlten Arbeitsfläche zu runden Pizzen ausrollen. Die Pizzen dünn mit dem Frischkäse bestreichen und mit der Spinat-Pilz-Masse belegen.

5 Die heißen Bleche vorsichtig mit Olivenöl einpinseln und die Pizzen darauflegen. Mit ein paar Tropfen Olivenöl beträufeln und im Ofen auf der mittleren Schiene 10 bis 15 Minuten backen. Die Spinatpizzen nach Belieben zusammenklappen und in Stücke geschnitten servieren.

Blumenkohl-Gratin
mit überbackener Maiscreme

Zutaten

1 großer Blumenkohl
Salz
1 EL Öl
1 TL braune Senfkörner
3 Kardamomkapseln
10 Curryblätter
200 g Maiskörner (aus der Dose)
2–3 EL Mandelmilch (oder Hafermilch)
1–2 EL Hefeflocken
Pfeffer aus der Mühle
Currypulver
frisch geriebene Muskatnuss
Öl für die Form

Zubereitung

FÜR 4 PERSONEN

1 Den Blumenkohl putzen, waschen und in Röschen teilen. In kochendem Salzwasser etwa 10 Minuten bissfest blanchieren. In ein Sieb abgießen, kalt abschrecken und abtropfen lassen.

2 Das Öl in einer Pfanne erhitzen, die Senfkörner, die Kardamomkapseln und die Curryblätter darin kurz rösten. Den Blumenkohl dazugeben und etwa 2 Minuten anbraten.

3 Den Backofen auf 180 °C Umluft vorheizen. Den Mais auf einem Sieb abtropfen lassen und in einem hohen Rührbecher mit dem Stabmixer fein pürieren. Die Mandelmilch und die Hefeflocken unterrühren. Mit Salz, Pfeffer, Currypulver und 1 Prise Muskatnuss würzen.

4 Eine große Auflaufform mit Öl einfetten, den Blumenkohl darin verteilen und die Maiscreme darübergeben. Das Blumenkohl-Gratin im Ofen auf der mittleren Schiene etwa 15 Minuten goldbraun backen. Dazu passt ein gemischter Blattsalat.

Schwarzwurzel-Gratin
mit Nuss-Tomaten-Kruste

Zutaten

Saft und abgeriebene Schale
von 1 Bio-Zitrone
1 kg Schwarzwurzeln
Salz
60 g getrocknete Tomaten (in Öl)
60 g Haselnusskerne
220 g Sojasahne
Pfeffer aus der Mühle
frisch geriebene Muskatnuss
Cayennepfeffer
Paprikapulver (edelsüß)
1 TL getrockneter Oregano

Zubereitung

FÜR 4 PERSONEN

1 In einer großen Schüssel reichlich Wasser mit dem Zitronensaft mischen. Die Schwarzwurzeln unter fließendem Wasser gründlich abbürsten, schälen und sofort in das Zitronenwasser legen. Dann die Schwarzwurzeln herausnehmen und in etwa 12 cm lange Stücke schneiden, sehr dicke Stangen dabei längs halbieren.

2 In einem Topf etwa 1/2 l Salzwasser zum Kochen bringen und die Schwarzwurzeln darin 10 bis 15 Minuten garen.

3 Den Backofen auf 180 °C vorheizen. Die Tomaten in ein Sieb abgießen, dabei das Öl auffangen und vier kleine Auflaufformen damit einfetten. Die Tomaten und die Nüsse fein hacken und mischen. Die Sojasahne mit Salz, Pfeffer, 1/2 TL Zitronenschale und je 1 Prise Muskatnuss, Cayennepfeffer und Paprikapulver sowie dem Oregano verrühren.

4 Die Schwarzwurzeln in ein Sieb abgießen, kurz abkühlen lassen und auf die Formen verteilen. Mit der Sahne übergießen und die Nuss-Tomaten-Mischung darübergeben. Im Ofen auf der mittleren Schiene etwa 20 Minuten backen.

Griechische Moussaka
auf vegane Art

Klassiker aus Griechenland: Im Original mit Hackfleisch zubereitet, steht dem Auberginen-Kartoffel-Auflauf die vegane Variante in nichts nach

Zutaten

Für das Gemüse:
1 Aubergine · Salz
500 g mehligkochende Kartoffeln
ca. 2 EL Olivenöl
400 g stückige Tomaten (aus der Dose)
1 Zwiebel · 1 Knoblauchzehe
2–3 Zweige Thymian
Pfeffer aus der Mühle
1 EL Aceto balsamico
1 TL Zucker

Für das Pesto:
3 EL Pinienkerne
2–3 Stiele Basilikum
ca. 60 ml Olivenöl
Salz · Pfeffer aus der Mühle
Zitronensaft

Für die Sauce:
1 EL Margarine
1 EL Mehl
1/4 l Sojamilch
Salz · Pfeffer aus der Mühle
frisch gemahlene Muskatnuss

Zubereitung

FÜR 4 PERSONEN

1 Für das Gemüse die Aubergine putzen, waschen und in 1 1/2 cm dicke Scheiben schneiden. Mit Salz bestreuen und beiseitestellen. Für das Pesto die Pinienkerne in einer Pfanne ohne Fett goldgelb anrösten und auskühlen lassen. Das Basilikum waschen, trocken tupfen und mit den Pinienkernen im Blitzhacker fein zerkleinern. Das Olivenöl untermixen und das Pesto mit Salz, Pfeffer und Zitronensaft würzen.

2 Für die Sauce die Margarine in einem Topf zerlassen, Mehl dazugeben und anschwitzen. Die Sojamilch unter Rühren dazugießen und bei schwacher Hitze 5 Minuten köcheln. Mit Salz, Pfeffer und 1 Prise Muskatnuss würzen. Für das Gemüse die Kartoffeln schälen, waschen und grob raspeln. Die Masse ausdrücken. Den Backofen auf 200 °C vorheizen. Vier Vorspeisenringe (à 10 cm Durchmesser) auf ein mit Backpapier belegtes Blech setzen. Je 1 bis 2 Auberginenscheiben hineinlegen, mit etwas Olivenöl einpinseln. 2 EL Tomatenstücke darauf verteilen.

3 Die geraspelten Kartoffeln mit der hellen Sauce verrühren und auf die Förmchen verteilen. Darauf 2 bis 3 EL Tomatenstücke verteilen. Das Pesto daraufstreichen und mit den übrigen Auberginenscheiben belegen, mit wenig Olivenöl bestreichen. Im Ofen auf der mittleren Schiene etwa 40 Minuten backen, nach etwa 30 Minuten die Moussaka mit Alufolie abdecken.

4 Zwiebel und Knoblauch schälen und in feine Würfel schneiden. Das restliche Olivenöl in einer Pfanne erhitzen und beides darin andünsten. Die restlichen Tomaten dazugeben. Den Thymian waschen, trocken tupfen, einige Blättchen abzupfen und beiseitelegen. Übrigen Thymian in die Pfanne geben, alles bei schwacher Hitze etwa 10 Minuten köcheln lassen. Mit Salz, Pfeffer, Essig und Zucker würzen. Die Moussaka kurz abkühlen lassen. Auf Teller setzen, den Ring abziehen und mit der Tomatensauce anrichten. Mit Thymianblättchen bestreuen.

Frucht-Gemüse-Spieße
mit getrockneten Pflaumen

Ideal für heiße Sommertage: Diese knackigen Gemüse-Spieße – zur Abwechslung mal mit süßen Früchten – sind ein fleischloser Hit auf dem Grill

Zutaten

80 g getrocknete Pflaumen
1 TL gemahlene Kurkuma
4 EL Zitronensaft
1 EL Agavendicksaft
5 EL Öl
Salz · Pfeffer aus der Mühle
2 Stangen Staudensellerie
1 großer Zucchino
100 g kleine Champignons
1 Pfirsich
ca. 150 g Papaya
4 Schalotten

Zubereitung

FÜR 4 PERSONEN

1 Die Pflaumen in reichlich lauwarmem Wasser etwa 30 Minuten einweichen. Dann auf einem Sieb abtropfen lassen.

2 Die Kurkuma mit dem Zitronensaft, dem Agavendicksaft und dem Öl verrühren. Mit Salz und Pfeffer würzen.

3 Den Sellerie und den Zucchino putzen, waschen und in Stücke schneiden. Die Champignons putzen und, falls nötig, trocken abreiben. Den Pfirsich waschen, halbieren, entsteinen und das Fruchtfleisch in Spalten schneiden. Papaya mit einem Löffel entkernen, schälen und das Fruchtfleisch in grobe Würfel schneiden. Die Schalotten schälen und halbieren.

4 Die Gemüse- und Obststücke mit den Pflaumen auf acht Holzspieße stecken. Mit der Knoblauchmarinade bestreichen und mit Frischhaltefolie bedeckt etwa 30 Minuten ziehen lassen.

5 Die Spieße auf Küchenpapier abtropfen lassen und in einer Aluschale auf dem heißen Grill unter gelegentlichem Wenden etwa 8 Minuten grillen. Dabei ab und zu mit der Marinade bestreichen.

6 Die pikanten Frucht-Gemüse-Spieße mit der restlichen Marinade beträufelt servieren. Dazu passt wunderbar ein würziger Asia-Dip (siehe Tipp).

Tipp› Als Dip für die Frucht-Gemüse-Spieße 2 EL Agavendicksaft, 2 EL Limettensaft, 1 EL helle Sojasauce, 1 gehackte kleine Chili und 1 EL gehackten Koriander gut verrühren und zu den Spießen servieren.

Erdnuss-Tempeh
mit Rote-Bete-Remoulade

Außen knusprig und innen ganz zart: Hier punktet würziges Tempeh mit einer köstlichen Erdnusshülle und einem farbenfrohen Dip

Zutaten

Für die Remoulade:

1 kleine Zwiebel

2 EL Kapern

200 g Rote Beten (vorgegart und vakuumiert)

5 EL Sojajoghurt

Salz · Pfeffer aus der Mühle

Paprikapulver (edelsüß)

gemahlener Kümmel

Für das Tempeh:

120 g geröstete ungesalzene Erdnüsse · 500 g Tempeh

2–3 EL Mehl · 1 EL Sojamehl (ersatzweise Speisestärke)

4–5 EL Öl

Zubereitung

FÜR 4 PERSONEN

1 Für die Remoulade die Zwiebel schälen und in feine Würfel schneiden. Die Roten Beten in kleine Würfel schneiden (dabei am besten Gummihandschuhe tragen!) und mit der Zwiebel, den Kapern und dem Sojajoghurt mischen. Mit Salz, Pfeffer und je 1 Prise Paprikapulver und Kümmel würzig abschmecken.

2 Für das Tempeh die Erdnüsse fein hacken und in einen tiefen Teller geben. Das Tempeh in etwa 3 cm dicke Scheiben schneiden und beidseitig dünn mit Mehl bestäuben. Das Sojamehl mit 3 bis 5 EL Wasser glatt rühren, das Tempeh zuerst darin und anschließend in den gehackten Erdnüsse wenden.

3 Das Öl in einer Pfanne erhitzen und das Tempeh darin auf beiden Seiten bei mittlerer Hitze einige Minuten knusprig braten. Herausnehmen und auf Küchenpapier abtropfen lassen. Das Erdnuss-Tempeh mit der Rote-Bete-Remoulade servieren.

Tipp› Sie können das Erdnuss-Tempeh mit der Rote-Bete-Remoulade auch auf einem Endiviensalat reichen. Diesen mit etwas Essig und Öl beträufeln und mit Salz und Pfeffer würzen.

Gebratene Paprikaschoten
mit Seitan und Tomaten

Zutaten

250 g Seitan

3 EL Sojasauce

1 EL Sesamöl

je 1 grüne, gelbe, orangefarbene und rote Paprikaschote

4–5 Radieschen

2 rote Zwiebeln

3 EL Olivenöl

1 TL dunkle Sesamsamen

Salz · Pfeffer aus der Mühle

gemahlener Kreuzkümmel

1 große Tomate (z. B. Old German)

1 Handvoll Korianderblätter

Zubereitung

FÜR 4 PERSONEN

1 Den Seitan in Streifen schneiden und in einer Schüssel mit der Sojasauce und dem Sesamöl vermischen. Die Paprikaschoten längs halbieren, entkernen, waschen und in Streifen schneiden. Die Radieschen putzen, waschen und halbieren. Die Zwiebeln schälen, halbieren und in Halbringe schneiden.

2 In einer Pfanne 2 EL Olivenöl erhitzen und die Zwiebeln darin andünsten. Paprikastreifen und Radieschen dazugeben, bei mittlerer Hitze etwa 2 Minuten mitdünsten. Das Gemüse aus der Pfanne nehmen und beiseitestellen.

3 Das restliche Öl in der Pfanne erhitzen und den Seitan darin bei starker Hitze braun anbraten. Die Paprikaschoten, die Radieschen und den Sesam dazugeben. Mit Salz, Pfeffer und Kreuzkümmel würzen und bei mittlerer Hitze mitbraten. Die Tomate waschen und in Scheiben schneiden, dabei den Stielansatz entfernen. Die Paprikaschoten und Radieschen mit dem Seitan auf Teller verteilen, mit den Tomatenscheiben belegen und mit Korianderblättern garniert servieren.

Seitan-Cordon-bleu
mit Sternmiere-Spinat-Füllung

Zutaten

3–4 Handvoll Sternmiere (Vogelmiere)
500 g Blattspinat
Salz · Pfeffer aus der Mühle
frisch geriebene Muskatnuss
gemahlener Kreuzkümmel
Zitronensaft
4 Stücke Seitan (à 200 g)
4 Scheiben veganer Käse (z. B. Hefekäse)
4 EL helles Sesamöl
1–2 EL Margarine

Zubereitung

FÜR 4 PERSONEN

1 Sternmiere waschen und trocken schütteln. Spinat verlesen und waschen, grobe Stiele entfernen. Den Spinat in kochendem Salzwasser 1 bis 2 Minuten blanchieren. Die Sternmiere kurz dazugeben. Beides in ein Sieb abgießen, kalt abschrecken und ausdrücken. Grob hacken, mit Salz, Pfeffer, je 1 Prise Muskatnuss und Kreuzkümmel sowie 1 Spritzer Zitronensaft würzen.

2 Die Seitanstücke jeweils längs einschneiden, sodass eine Tasche entsteht. In jede Seitantasche 2 bis 3 EL Spinatmischung füllen, den Rest beiseitestellen. Jeweils 1 Scheibe Käse in die Taschen legen. Bei Bedarf mit kleinen Holzspießen verschließen.

3 Das Sesamöl in einer Pfanne erhitzen, die Seitanschnitzel darin bei mittlerer Hitze auf jeder Seite etwa 5 Minuten braten. Die Margarine in einer zweiten Pfanne erhitzen, den restlichen Spinat darin bei schwacher Hitze erwärmen und nochmals abschmecken. Die Seitan-Cordon-bleus mit dem Spinat anrichten.

Tofu-Mais-Burger
mit Tomaten und Sojacreme

Der Fast-Food-Klassiker mal anders: Hier trifft eine kernige Tofu-Mais-Frikadelle auf knackigen Salat und zartes Brötchen

Zutaten

Für die Frikadellen:

100 g Grünkern
100 g Maiskörner (aus der Dose)
100 g geräucherter Tofu
1 Zwiebel
1 Knoblauchzehe
5 EL Öl
1 rote Chilischote
2 EL gehackte Petersilie
Salz · Pfeffer aus der Mühle

Für die Brötchen:

4 Burgerbrötchen (mit Sesam)
8 Blätter Lollo bianco
2 Fleischtomaten
1 große rote Zwiebel
2 EL Mayonnaise (siehe S. 17)
2 EL mittelscharfer Senf
4 EL Tomatenketchup

Zubereitung

FÜR 4 PERSONEN

1 Für die Frikadellen den Grünkern in reichlich kaltem Wasser etwa 1 Stunde einweichen. Danach das restliche Wasser abgießen. 400 ml Wasser zum Kochen bringen und den Grünkern darin bei schwacher Hitze etwa 1 Stunde köcheln lassen. Den Mais in ein Sieb abgießen und abtropfen lassen, die Körner grob hacken. Den Tofu ebenfalls fein hacken. Die Zwiebel und den Knoblauch schälen und in feine Würfel schneiden.

2 In einer Pfanne 1 EL Öl erhitzen, die Zwiebel und den Knoblauch darin andünsten. Die Chilischote längs halbieren, entkernen, waschen und in feine Würfel schneiden. Die Chili mit der Petersilie in die Pfanne geben und untermischen. Vom Herd nehmen und abkühlen lassen.

3 Den Grünkern in ein Sieb abgießen, gut abtropfen lassen und mit Tofu, Zwiebelmischung und Mais mischen. Mit Salz und Pfeffer würzen. Die Masse in einer Schüssel mit dem Stabmixer grob pürieren. Bei Bedarf noch etwas Weißbrotbrösel unterkneten. Aus der Masse mit angefeuchteten Händen 4 gleich große Frikadellen formen.

4 Das restliche Öl in einer Pfanne erhitzen und die Frikadellen darin bei starker Hitze auf beiden Seiten goldbraun braten. Für die Burger die Brötchen waagerecht halbieren. Die Salatblätter putzen, waschen, trocken schleudern und nach Belieben in Stücke zupfen. Die Tomaten waschen und in Scheiben schneiden, dabei die Stielansätze entfernen. Die Zwiebel schälen und in feine Ringe schneiden.

5 Etwas Mayonnaise und Senf auf die Brötchenunterseiten streichen, jeweils mit 1 Salatblatt und einigen Zwiebelringen belegen. Je 1 Frikadelle daraufsetzen und mit Zwiebelringen, Tomatenscheiben und Salatblatt bedecken. Die Brötchendeckel mit Ketchup bestreichen und auf die Burger setzen.

Tofu-Zitronen-Bällchen
mit Zuckerhutgemüse

Altes Gemüse neu entdeckt: Die leicht fruchtige Note der Tofubällchen harmoniert perfekt mit dem etwas herben Geschmack von Zuckerhut

Zutaten

Für die Tofu-Bällchen:

- 1 Zwiebel
- 1 Knoblauchzehe
- 400 g Tofu
- 2 EL Sojamehl (ersatzweise Mehl)
- Saft und abgeriebene Schale von 1 Bio-Zitrone
- 2 EL Hefeflocken
- je 1 EL gehackter Thymian und Oregano
- Salz · Pfeffer aus der Mühle
- ca. 50 g Paniermehl
- 2 EL Öl

Für das Gemüse:

- 500 g Zuckerhut
- 1 EL Öl
- Salz · Pfeffer aus der Mühle
- 100 ml Gemüsebrühe
- 4 EL Sojasahne

Zubereitung

FÜR 4 PERSONEN

1 Für die Tofu-Bällchen die Zwiebel und den Knoblauch schälen und in feine Würfel schneiden. Den Tofu mit einer Gabel fein zerdrücken und mit der Zwiebel und dem Knoblauch in eine Schüssel geben.

2 Das Sojamehl mit dem Zitronensaft anrühren und mit der Zitronenschale zum Tofu geben. Die Hefeflocken und die Kräuter hinzufügen und mit Salz und Pfeffer würzen. Alles gut mischen und so viel Paniermehl bzw. Wasser unterarbeiten, bis die Masse gut formbar ist.

3 Aus der Tofumasse mit angefeuchteten Händen etwa 16 kleine Bällchen formen.

4 Für das Gemüse vom Zuckerhut die äußeren Blätter entfernen. Den Kohl putzen, waschen und vierteln, den harten Strunk entfernen. Die Viertel in Streifen schneiden.

5 Das Öl in einem Topf erhitzen und den Zuckerhut darin andünsten. Mit Salz und Pfeffer würzen und die Brühe angießen. Die Sojasahne unterrühren und den Zuckerhut etwa 10 Minuten dünsten.

6 Für die Tofu-Bällchen das Öl in einer Pfanne erhitzen und die Bällchen darin rundum etwa 5 Minuten goldbraun braten. Mit dem Gemüse servieren und nach Belieben Salzkartoffeln dazu reichen.

Tipp› Bitterstoffe geben dem Zuckerhut sein leicht herbes Aroma. Sie können ersatzweise auch Chinakohl verwenden; diesen zusätzlich mit Dijon-Senf oder Meerrettich und 1 EL gehacktem Estragon verfeinern.

Desserts & Drinks

Mangosorbet
mit Limettenaroma und Sekt

Das exotische Sorbet schmeckt nicht nur an heißen Sommertagen, sondern auch im Winter als Dessert – mit Schokoladenspänen bestreut

Zutaten

1 Bio-Limette

100 g Zucker

2 reife Mangos

150 ml trockener Sekt

Zubereitung

FÜR 4 PERSONEN

1 Die Limette heiß waschen und trocken reiben. Die Schale dünn abschälen, die Limette halbieren und den Saft auspressen.

2 Den Zucker, die Limettenschale und den -saft sowie 100 ml Wasser in einen Topf geben, unter Rühren aufkochen und etwa 3 Minuten köcheln lassen. Durch ein Sieb gießen und auskühlen lassen.

3 Die Mangos schälen, das Fruchtfleisch auf den flachen Seiten vom Stein schneiden und in kleine Würfel schneiden.

4 Die Mangowürfel im Küchenmixer mit dem Zuckersirup fein pürieren. Den Sekt unterrühren. Die Sorbetmasse in eine flache Metallschüssel füllen und im Tiefkühlfach 3 bis 4 Stunden gefrieren lassen. Zwischendurch öfter herausnehmen und mit einer Gabel durchrühren, damit sich keine zu großen Eiskristalle bilden.

5 Zum Servieren vom Sorbet Kugeln abstechen, auf Gläser verteilen und nach Belieben mit Mangospalten garnieren.

Tipp› Die Mangos sollten für das Sorbet reif und faserfrei sein. Sie können aber auch andere Früchte wie Papaya oder Melone verwenden. 1 EL fein gehacktes Basilikum bringt eine würzige Note in das Sorbet.

Rhabarber-Granité
mit Crème de Cassis

Fein-säuerlicher, erfrischender Genuss: Das Granité eignet sich auch gut als Zwischengang in einem Menü – dann reicht es für acht Personen

Zutaten

500 g Rhabarber

80 g Zucker

4 EL Crème de Cassis (Schwarzer-Johannisbeerlikör)

1 Zitrone

200 ml lieblicher Sekt

einige Minzeblätter

Zubereitung

FÜR 4 PERSONEN

1 Den Rhabarber putzen, waschen, falls nötig, schälen und in Stücke schneiden. Mit dem Zucker, dem Likör und 150 ml Wasser in einen Topf geben und zugedeckt bei mittlerer Hitze etwa 10 Minuten weich dünsten.

2 Den Rhabarber mit dem Stabmixer fein pürieren und vollständig abkühlen lassen.

3 Die Zitrone halbieren und den Saft auspressen. Den Zitronensaft und den Sekt unter das Rhabarberpüree mischen.

4 Die Granitémasse in einen Gefrierbeutel füllen und etwas flach streichen. Im Tiefkühlfach mindestens 3 Stunden gefrieren lassen.

5 Die Minzeblätter waschen und trocken tupfen. Das gefrorene Rhabarberpüree aus dem Tiefkühlfach nehmen und mit dem Plattiereisen oder dem Nudelholz zerkleinern. Das Rhabarber-Granité auf Gläser verteilen und mit Minze garniert servieren.

Tipp› Rhabarber am besten bald nach dem Einkauf zubereiten, er macht schnell schlapp. Rote Stangen mit rotem Fruchtfleisch schmecken aromatischer und weniger sauer als die grünen.

Kokosmilchreis
mit Heidelbeeren

Zutaten

800 ml Kokosmilch

1 Bio-Limette

1 Zimtstange

130 g Milchreis

50 g Reissirup

ca. 200 g schlagfähige Sojasahne

1 Päckchen Sahnesteif

150 g Heidelbeeren

Zubereitung

FÜR 4 PERSONEN

1 Die Kokosmilch in einem Topf erhitzen. Die Limette heiß waschen, trocken reiben und die Schale dünn abschälen. Die Zimtstange und die Limettenschale zur Kokosmilch geben und aufkochen lassen.

2 Den Reis einrieseln lassen und bei schwacher Hitze etwa 30 Minuten köcheln lassen. Dabei gelegentlich umrühren.

3 Den Kokosmilchreis vom Herd nehmen, den Reissirup unterrühren und im offenen Topf etwa 15 Minuten auskühlen lassen.

4 Die Sojasahne mit dem Sahnesteif steif schlagen und unter den Reis heben.

5 Die Heidelbeeren verlesen, waschen und trocken tupfen. Die Beeren unter den Milchreis rühren und das Dessert in Schälchen anrichten. Dazu passt auch wunderbar 1 Kugel Mangosorbet (siehe S. 166).

Schokoladenmousse mit Brombeeren

Zutaten

½ Vanilleschote
100 g Bitterschokolade
(mind. 70% Kakaoanteil)
300 g schlagfähige Sojasahne
50 g brauner Zucker
Zimtpulver
Salz
1 cl Crème de Cassis
(Schwarzer-Johannisbeerlikör)
1 Päckchen Sahnesteif
4 Brombeeren

Zubereitung

FÜR 4 PERSONEN

1 Die Vanilleschote der Länge nach aufschneiden und das Mark herauskratzen.

2 Die Schokolade grob hacken, mit der Vanilleschote, dem Vanillemark und 150 g Sojasahne in einen kleinen Topf geben. Den Zucker, je 1 Prise Zimt und Salz sowie den Likör dazugeben und bei schwacher Hitze unter Rühren erwärmen, bis die Schokolade geschmolzen ist. Vom Herd nehmen, die Vanilleschote entfernen und die Creme lauwarm abkühlen lassen.

3 Die restliche Sojasahne mit dem Sahnesteif steif schlagen und mit dem Schneebesen unter die Schokocreme heben. Auf Gläser verteilen und zugedeckt mindestens 6 Stunden (oder besser über Nacht) kühl stellen.

4 Zum Servieren die Brombeeren waschen, trocken tupfen und längs halbieren. Die Schokoladenmousse mit den halbierten Brombeeren garniert servieren. Wenn Kinder mitessen, verzichten Sie einfach auf die Crème de Cassis.

Kokos-Panna-cotta mit Granatapfelsirup

Ein Klassiker, den alle kennen und lieben und der immer wieder überrascht – hier mit exotischem Zitronengras- und Limettenaroma

Zutaten

2 Stängel Zitronengras

1/2 Limette

300 ml Kokosmilch

300 g Sojasahne

75 g Zucker

2 TL Agar-Agar

1 Granatapfel

ca. 60 ml Kokossirup

4 EL Kokoschips (ersatzweise Kokosraspel)

Zubereitung

FÜR 4 PERSONEN

1 Das Zitronengras putzen, die äußeren Blätter und die obere trockene Hälfte entfernen, die untere Hälfte in feine Ringe schneiden. Die halbe Limette auspressen.

2 Die Kokosmilch mit der Sojasahne, Zitronengras, Limettensaft, Zucker und Agar-Agar in einem Topf bei mittlerer Hitze aufkochen. Vom Herd nehmen und durch ein feines Sieb gießen. Die Masse in kalt ausgespülte hohe Förmchen oder Tassen füllen und zum Gelieren mindestens 6 Stunden zugedeckt kühl stellen, bis die Panna cotta fest ist.

3 Den Granatapfel halbieren und die Kerne vorsichtig herauslösen. Die Kerne von den weißen Häutchen befreien und mit dem Kokossirup vermischen.

4 Zum Servieren die Förmchen in heißes Wasser tauchen, die Kokos-Panna-cotta mit einem spitzen Messer vorsichtig vom Rand lösen und auf Dessertteller stürzen. Mit dem Granatapfel-Kokos-Sirup beträufeln und mit den Kokoschips bestreut servieren.

Tipp› Wenn es keinen Granatapfel gibt, kann man die Panna cotta natürlich auch mit Beeren garnieren. Den Kokossirup dann weglassen, sonst wird das Ganze sehr süß.

Kokos-Tapioka-Pudding mit Mangosauce

Exotisch-fruchtiger Gaumenschmeichler: Dieses Dessert punktet mit dem Mix aus cremigem Kokospudding und aromatischer Mangosauce

Zutaten

Für den Pudding:

50 g Tapiokaperlen (ersatzweise Sago)

300 ml Kokosmilch

200 g Sojasahne

60 g Zucker

3 EL Kokosraspel

Für die Mangosauce:

1 Mango

100 ml Orangensaft

1 TL Speisestärke

1 – 2 EL Zucker

Zubereitung

FÜR 4 PERSONEN

1 Für den Pudding die Tapiokaperlen in eine Schüssel geben, mit heißem Wasser bedecken und etwa 10 Minuten quellen lassen.

2 Die Kokosmilch mit der Sojasahne, dem Zucker und den Kokosraspeln in einem Topf aufkochen. Die Tapiokaperlen hinzufügen und unter Rühren bei schwacher Hitze etwa 20 Minuten köcheln lassen, bis die Perlen durchsichtig sind.

3 Den Kokospudding in Gläser füllen, etwas abkühlen lassen und mindestens 2 Stunden kühl stellen, bis er fest ist.

4 Für die Mangosauce die Mango schälen, das Fruchtfleisch auf den flachen Seiten vom Stein schneiden und in kleine Würfel schneiden. Mit dem Orangensaft in einen Topf geben und einmal aufkochen.

5 Die Mango mit dem Stabmixer pürieren und nochmals aufkochen. Die Speisestärke mit wenig kaltem Wasser glatt rühren und das kochende Mangopüree damit binden.

6 Die Mangosauce mit dem Zucker süßen und unter Rühren abkühlen lassen. Die Mangosauce auf dem Kokospudding verteilen und servieren.

Tipp› Tapiokaperlen sind nahezu geschmacksneutrale Stärkekügelchen, die aus der getrockneten Maniokwurzel gewonnen werden. Sie kommen – wie Sago auch – besonders bei Süßspeisen zum Einsatz.

Geleewürfel
aus frischen Erdbeeren

Zutaten

500 g Erdbeeren

200 g Zucker

2 TL Agar-Agar

100 g feiner Zucker

Zubereitung

FÜR CA. 100 STÜCK

1 Am Vortag die Erdbeeren waschen, putzen und klein schneiden. In einem Topf mit 1 EL Wasser erhitzen und 5 Minuten köcheln lassen. Die Erdbeeren mit dem Stabmixer pürieren und durch ein feines Sieb streichen. 1/4 l Erdbeerpüree abmessen.

2 Das Erdbeerpüree mit dem Zucker in einen Topf geben. Das Agar-Agar mit wenig kaltem Wasser anrühren, dazugeben und unter Rühren einmal aufkochen. Etwa 1 TL der Masse auf einen kleinen Teller geben und diesen schräg halten. Wird das Püree fest, ist die Masse fertig, ansonsten noch etwas Agar-Agar hinzufügen und nochmals aufkochen.

3 Eine kleine Form (etwa 20 x 20 cm) mit Frischhaltefolie auslegen und das Gelee einfüllen. Abkühlen lassen und mindestens 2 Stunden im Kühlschrank fest werden lassen.

4 Das Gelee aus der Form stürzen und in Würfel von ca. 2 x 2 cm schneiden. Auf Backpapier 24 Stunden bei Zimmertemperatur trocknen lassen, dabei einmal wenden. Geleewürfel im feinen Zucker wälzen und kühl aufbewahren.

Sesamkrokant-Riegel
mit ganzen Haselnüssen

Zutaten

300 g helle Sesamsamen

Öl für das Blech

125 g Apfeldicksaft

125 g Agavendicksaft

50 g geschälte Haselnusskerne

Zubereitung

FÜR 4 PERSONEN

1 Die Sesamsamen in einer großen Pfanne ohne Fett goldbraun rösten. Ein Backblech dünn mit Öl einfetten.

2 Den Apfeldicksaft und den Agavendicksaft in einem Topf unter Rühren erhitzen und etwa 7 Minuten kochen. Den dabei entstehenden Schaum immer wieder mit einem kleinen Teesieb entfernen.

3 Die Sesamsamen, die Nüsse und 2 TL Wasser auf einmal dazugeben und untermischen. Die Masse etwa 1 cm dick auf dem geölten Backblech verstreichen.

4 Die Krokantmasse auskühlen lassen und vor dem Servieren in kleine Würfel oder Rechtecke schneiden. Sie können auch einen Teil der Sesamsamen durch gehackte Mandeln oder Walnüsse ersetzen.

Obstsalat
in Orangenschalen

Schöner kann man diesen farbenfrohen Obstsalat gar nicht servieren! Wer es noch süßer mag, bestäubt die Früchte mit etwas Puderzucker

Zutaten

2 Bio-Orangen
$^1/_2$ Granatapfel
150 g Heidelbeeren
200 g Walderdbeeren (ersatzweise normale Erdbeeren)
1 Handvoll Minzeblätter
1 – 2 EL Agavendicksaft

Zubereitung

FÜR 4 PERSONEN

1 Die Orangen waschen, trocken reiben und quer halbieren. Die Filets aus den Trennwänden herausschneiden und in eine Schüssel geben. Die Orangenhälften auspressen, dabei den Saft auffangen. Die Häute aus den Orangen entfernen.

2 Die Granatapfelkerne mit einem Esslöffel herauslösen. Die Beeren verlesen, waschen und trocken tupfen. Die Minzeblätter waschen und trocken tupfen.

3 Die Orangenfilets, die Granatapfelkerne, die Beeren, die Minze und den Orangensaft mischen und mit dem Agavendicksaft beträufeln.

4 Den Obstsalat in die Orangenhälften füllen und mit der Minze garniert servieren. Dazu passt ein selbst gemachtes Cashew-Fudge (siehe Tipp).

Tipp› Cashew-Fudge: 110 g braunen Zucker mit 50 ml Wasser aufkochen. 150 g Cashewkerne unterrühren, die Masse sofort 1 cm hoch in Kunststoffbehälter füllen. Abkühlen lassen und in Würfel schneiden.

Birnen
in Apfelsaft-Karamell

Das schnelle fruchtig-süße Dessert kommt auch bei Kindern gut an – nicht zuletzt deshalb, weil man es gut mit den Fingern essen kann

Zutaten

1/2 Zitrone
6 kleine Birnen (z. B. Forellenbirnen)
4–5 EL brauner Zucker
ca. 100 ml Apfelsaft

Zubereitung

FÜR 4 PERSONEN

1. Die halbe Zitrone auspressen. Die Birnen waschen und trocken reiben. Die Birnen vierteln und mit dem Zitronensaft beträufeln.
2. Den Zucker in einer Pfanne karamellisieren. Mit dem Apfelsaft ablöschen und so lange mit dem Schneebesen rühren, bis sich der Karamell aufgelöst hat.
3. Die Birnenviertel im Karamell schwenken, vom Herd nehmen und noch 3 bis 4 Minuten in der Karamellsauce ziehen lassen.
4. Auf kleine Glasschalen verteilen und sofort servieren. Dazu passt Vanilleeis oder ein herbstlicher Grießbrei (siehe Tipp).

Tipp› Herbstlicher Grießbrei: 2 EL braunen Zucker, 5 EL Weichweizengrieß, 1/2 l Mandelmilch, 1 Zimtstange, 1 Päckchen Vanillezucker und 1 TL abgeriebene Bio-Orangenschale aufkochen, bis der Brei andickt.

Ananas-Smoothie
mit Orangensaft und Mandelmilch

Zutaten

1 reife Ananas

3–4 EL brauner Zucker

100 ml Orangensaft

ca. 1/2 l Mandelmilch

Ananas zum Garnieren

Zubereitung

FÜR 4 PERSONEN

1 Die Ananas vierteln und den harten Strunk herausschneiden. Die Viertel schälen und das Fruchtfleisch in grobe Würfel schneiden. Die Ananas auf einem kleinen Backblech im Tiefkühlfach etwa 30 Minuten anfrieren lassen.

2 Die leicht gefrorenen Ananasstücke mit dem Zucker, dem Orangensaft und etwas Mandelmilch im Küchenmixer fein pürieren. So viel Mandelmilch hinzufügen, bis der Smoothie die gewünschte Konsistenz erreicht hat. Nach Belieben noch 1 Prise Chilipulver unter den Smoothie rühren.

3 Ananas-Smoothie in hübsche Gläser füllen und jeweils mit 1 Stück Ananas garniert servieren.

Papaya-Pfirsich-Smoothie
mit Nektarine

Zutaten

2 Pfirsiche

1 Nektarine

1/2 kleine Papaya

1 kleine Banane

3 EL zarte Haferflocken

2 EL Weizenkleie

500 g Sojajoghurt

2 EL Vanillezucker

2 TL Chiasamen (Bio-Markt)

6–8 Eiswürfel

Zubereitung

FÜR 4 PERSONEN

1 Die Pfirsiche und die Nektarine kreuzweise einritzen, überbrühen, kalt abschrecken, häuten, halbieren und entsteinen. Das Fruchtfleisch in Stücke schneiden. Die Papayakerne mit einem Löffel entfernen, die Papaya schälen und das Fruchtfleisch in Würfel schneiden. Die Banane schälen und in Scheiben schneiden.

2 Die Haferflocken und die Weizenkleie mit dem Sojajoghurt in einer Schüssel mischen und kurz quellen lassen. Das vorbereitete Obst mit der Haferflocken-Joghurt-Mischung, dem Vanillezucker, den Chiasamen und den Eiswürfeln im Küchenmixer fein pürieren und, falls nötig, noch etwas Wasser hinzufügen.

3 Den Papaya-Pfirsich-Smoothie in vier Gläser füllen, nach Belieben noch mit einem Spritzer Zitronensaft abschmecken und sofort servieren.

Grüner Smoothie
mit Obst und Gemüse

Ganz leicht zubereitet: ein wahrer Erfrischungs-Smoothie an schwülen Tagen, aber auch ein echter Muntermacher am frühen Morgen

Zutaten

1 Banane
1 EL Zitronensaft
1 kleiner Apfel
100 g junger Spinat
100 g Feldsalat
4–6 Stiele Apfelminze (Hainminze)
4 EL Vanillesojajoghurt
ca. 100 ml Mineralwasser mit Kohlensäure

Zubereitung

FÜR 4 PERSONEN

1 Die Banane schälen, in Scheiben schneiden und mit dem Zitronensaft beträufeln. Den Apfel vierteln, schälen und das Kerngehäuse entfernen. Die Apfelviertel in kleine Würfel schneiden und mit der Banane mischen.

2 Den Spinat und den Feldsalat verlesen, waschen und trocken schleudern. Die Minze waschen, trocken schütteln und die Blätter abzupfen.

3 Den Spinat, den Feldsalat, die Minze und das Obst im Küchenmixer fein pürieren. Den Sojajoghurt und das Mineralwasser untermixen. Bei Bedarf noch so viel Mineralwasser dazugeben, bis der Smoothie die gewünschte Konsistenz hat. Den grünen Smoothie auf Gläser verteilen und mit einem Trinkhalm servieren.

Tipp› An besonders heißen Tagen kann der grüne Fitmacher auch zusammen mit einer Handvoll Eiswürfeln gemixt werden. So wird er zu einer willkommenen Erfrischung im Hochsommer.

Dreierlei Drinks
mit Sommerfrüchtchen

Abkühlung garantiert: Schön angerichtet mit geeisten Früchten machen diese köstlichen Drinks richtig was her

Zutaten

Für den Erdbeer-Smoothie:

300 g Erdbeeren (frisch oder TK)

2 EL zarte Haferflocken

100 ml Orangensaft

300 g Sojajoghurt

1–2 TL Ahornsirup

Für den Nektarinen-Smoothie:

4 nicht zu reife Nektarinen

1–2 EL Zucker

150 ml Orangensaft

150 ml Kokosmilch

1/4 l Sojamilch

1 Handvoll Eiswürfel

Für den Heidelbeer-Smoothie:

2 Bananen · 300 g Heidelbeeren

2 EL geschroteter Leinsamen

1 EL Apfeldicksaft

200 ml Kirschsaft

300 ml Sojamilch

1 Handvoll Eiswürfel

Zubereitung

FÜR JE 4 PERSONEN

1 Für den Erdbeer-Smoothie die Erdbeeren putzen und waschen. Die Haferflocken in einer Schüssel mit dem Orangensaft übergießen und kurz quellen lassen. Anschließend die Haferflocken mit dem Saft, den Erdbeeren, dem Sojajoghurt und dem Ahornsirup im Küchenmixer fein pürieren und nach Belieben nachsüßen.

2 Den Erdbeer-Smoothie auf vier Gläser verteilen und nach Belieben mit angefrorenen Erdbeerspießen (siehe Tipp) garniert servieren.

3 Für den Nektarinen-Smoothie die Nektarinen halbieren und entsteinen. Die Hälften schälen und das Fruchtfleisch in grobe Würfel schneiden. Die Nektarinen mit dem Zucker, dem Orangensaft, der Kokos- und der Sojamilch sowie den Eiswürfeln im Küchenmixer fein pürieren.

4 Den Nektarinen-Smoothie in Gläser füllen und nach Belieben mit Nektarinenspalten garniert servieren.

5 Für den Heidelbeer-Smoothie die Bananen schälen und in Scheiben schneiden. Die Heidelbeeren verlesen, waschen und trocken tupfen. Die Beeren mit den restlichen Zutaten im Küchenmixer fein pürieren.

6 Den Heidelbeer-Smoothie auf vier Gläser verteilen und nach Belieben mit angefrorenen Heidelbeerspießen (siehe Tipp) garniert servieren.

Tipp› Und so machen Sie die Fruchtspieße: Einige Beeren, z. B. Heidelbeeren und Erdbeeren, verlesen, waschen und trocken tupfen. Auf kleine Holzspieße stecken und im Tiefkühlfach anfrieren lassen.

Gebäck – süß & herzhaft

Brombeer-Apfel-Tarte
mit Streuseln und Mandeln

Himmlischer Genuss: Bei fruchtig-herber Brombeere unter einem Knusperdach aus Streuseln kommen Naschkatzen voll auf ihre Kosten

Zutaten

Für den Mürbeteig:

250 g Mehl
150 g Margarine
80 g Zucker · Salz

Für die Füllung:

3 EL Speisestärke
200 g Seidentofu
2 EL Zitronensaft
50 g Puderzucker
2 EL Vanillezucker
2 EL gemahlene Mandeln
600 g Brombeeren
1 kleiner Apfel

Für die Streusel:

120 g Mehl
50 g gehackte Mandeln
80 g Zucker
100 g kalte Margarine

Außerdem:

Margarine und Mehl für die Form
Mehl für die Arbeitsfläche

Zubereitung

FÜR FÜR 1 TARTEFORM

1 Für den Mürbeteig in einer Schüssel das Mehl, die Margarine, den Zucker, 1 Prise Salz und 3 bis 4 EL kaltes Wasser mit den Knethaken des Handrührgeräts zu einem Mürbeteig verarbeiten. Den Teig zu einer Kugel formen und in Frischhaltefolie gewickelt etwa 30 Minuten kühl stellen.

2 Für die Füllung 2 EL Speisestärke mit wenig kaltem Wasser glatt rühren. Den Tofu mit 1 EL Zitronensaft, dem Puderzucker, dem Vanillezucker, der angerührten Stärke und den Mandeln glatt rühren.

3 Die Beeren verlesen, waschen und trocken tupfen. Den Apfel vierteln, schälen, entkernen und die Apfelviertel in kleine Würfel schneiden. Die restliche Stärke mit wenig kaltem Wasser glatt rühren. Die Beeren und die Apfelstücke mit dem übrigen Zitronensaft und der Stärke vermischen.

4 Den Backofen auf 180 °C vorheizen. Eine Tarte- oder Springform (26 cm Durchmesser) einfetten und mit etwas Mehl bestäuben. Den Mürbeteig auf der bemehlten Arbeitsfläche rund ausrollen und die Form damit auskleiden, dabei einen Rand formen. Den Teig mit der Tofumasse bestreichen, dann die Beeren-Apfel-Mischung darauf verteilen und diese leicht in die Creme drücken.

5 Für die Streusel das Mehl und die Mandeln mit Zucker und Margarine zwischen den Handflächen zu kleinen Streuseln verreiben und auf dem Kuchen verteilen. Die Tarte im Ofen auf der mittleren Schiene etwa 40 Minuten goldbraun backen. In der Form auskühlen lassen und die Apfel-Brombeer-Tarte in Stücke geschnitten servieren.

Schokoladenkuchen mit Birnen

Das Highlight für jeden Schoko-Fan: Dieser Kuchen ist herrlich süß, super schokoladig und dank der Birnen wunderbar saftig

Zutaten

Margarine und Mehl für die Form
100 g Zartbitterschokolade
2 kleine Birnen (z. B. Abate Fetel oder Williams Christ)
1 EL Orangensaft
50 g Speisestärke
200 g Zucker
100 g brauner Zucker
1 EL Vanillezucker
200 g Mehl
60 g Kakaopulver
3 TL Backpulver
150 ml Rapsöl
200 ml Reisdrink

Zubereitung

FÜR 10–12 STÜCKE

1 Den Backofen auf 170 °C vorheizen. Eine Kastenform (etwa 25 cm) einfetten und mit Mehl bestäuben.

2 Die Schokolade fein reiben. Die Birnen vierteln, schälen und entkernen. Die Birnenviertel in kleine Stücke schneiden, mit dem Orangensaft mischen und beiseitestellen.

3 Die Stärke mit wenig Wasser glatt rühren. In einer Schüssel beide Zuckersorten, den Vanillezucker, das Mehl, die Stärke, den Kakao und das Backpulver mischen. Das Öl mit dem Reisdrink verrühren, dann die Mehlmischung dazugeben und unterrühren. So viel Wasser (bis zu etwa 80 ml) hinzufügen, bis der Teig geschmeidig, aber nicht zu flüssig wird.

4 Die Schokolade unter den Teig heben und in die Form füllen. Den Teig glatt streichen und mit den Birnen belegen.

5 Den Kuchen im Ofen auf der mittleren Schiene etwa 1 Stunden backen. Nach etwa 30 Minuten eventuell mit Alufolie abdecken. Anschließend herausnehmen, abkühlen lassen und in Stücke geschnitten servieren. Wer mag, kann den Schokokuchen noch mit geschmolzener Kuvertüre beträufeln.

Tipp› Sie können den Kuchen anstatt mit Birnen auch mal mit Bananen oder Äpfeln backen. Für ein bisschen Abwechslung 1 rote gehackte Chilischote, 1 bis 2 geriebene Tonkabohnen oder 1 TL Zimt unter den Teig mischen.

Mandel-Kirsch-Kuchen
mit Mangopüree

Zutaten

100 g getrocknete Kirschen

2–3 EL Rum oder Apfelsaft

1 Mango

Margarine und Mehl für die Form

180 g Margarine

200 g Zucker · 60 g Reismehl

50 ml Mineralwasser (mit Kohlensäure)

100 g Kamutmehl (Khorasan-Weizen)

50 g geschälte gemahlene Mandeln

2 TL Weinstein-Backpulver

100 g zarte Reisflocken

Zubereitung

FÜR 10–12 STÜCKE

1 Die Kirschen grob hacken und mit Rum oder Saft beträufeln. Die Mango schälen und das Fruchtfleisch vom Stein schneiden. Etwa 150 g Mangofruchtfleisch abwiegen. In einem Topf 100 ml Wasser zum Kochen bringen und die Mango darin mit geschlossenem Deckel etwa 25 Minuten köcheln lassen. Die Mango durch ein feines Sieb passieren und abkühlen lassen.

2 Den Backofen auf 180 °C vorheizen. Eine Kastenform (22 cm Länge) einfetten und mit Mehl bestäuben. In einer Schüssel die Margarine und den Zucker schaumig rühren. Das Reismehl und das Mineralwasser unterrühren.

3 Das Kamutmehl mit Mandeln, Backpulver und Reisflocken mischen und mit dem Mangopüree abwechselnd unter den Teig rühren. Die Kirschen unterheben, den Teig in die Form füllen und glatt streichen. Im Ofen auf der mittleren Schiene etwa 45 Minuten backen. Nach etwa 15 Minuten Backzeit den Kuchen mit Alufolie abdecken. Den Mandel-Kirsch-Kuchen auskühlen lassen, aus der Form lösen und nach Belieben mit einem Guss aus Limettensaft und Puderzucker überziehen.

Haselnusskuchen
mit Schokolade

Zutaten

450 ml Mandelmilch
4 1/2 EL geschroteter Leinsamen
Magarine und Mehl für die Form
300 g Mehl
3 TL Backpulver
150 g gemahlene Haselnüsse
140 g Zartbitter-schokoladenraspel
200 g Margarine
225 g Zucker
100 g Mandelmus
1 TL Zimtpulver · Salz
2–3 EL Sojamilch

Zubereitung

FÜR 1 SPRINGFORM

1 Die Mandelmilch in einem Topf zum Kochen bringen, den Leinsamen hinzufügen, den Topf vom Herd nehmen und den Leinsamen etwa 10 Minuten quellen lassen.

2 Den Backofen auf 180 °C vorheizen. Eine Springform (24 cm Durchmesser) einfetten und mit Mehl bestäuben. In einer Schüssel das Mehl mit dem Backpulver, den Nüssen und 80 g Schokoraspeln vermischen. Die Margarine zur Mandelmilch geben und schmelzen lassen. Den Zucker, das Mandelmus, den Zimt und 1 Prise Salz zur Mandelmilch dazugeben und unterrühren. Die Mehlmischung hinzufügen und alles zu einem glatten Teig verrühren.

3 Den Teig in die Form füllen und glatt streichen. Im Ofen auf der mittleren Schiene etwa 1 Stunde backen, dabei falls nötig, mit Alufolie abdecken.

4 Den Kuchen herausnehmen, auskühlen lassen und aus der Form lösen. Die restlichen Schokoladenraspel in der Sojamilch schmelzen. Den Haselnusskuchen mit der Schokolade verzieren und trocknen lassen.

Mandel-Sirup-Tarte
mit Kürbis

Besser geht es nicht: süße Mandeln und fruchtiger Kürbis mit einem Hauch Vanille verfeinert – frisch gebacken auf den Tisch

Zutaten

Für den Mürbeteig:
150 g Mehl
50 g geschälte gemahlene Mandeln
150 g Margarine
80 g Zucker

Für den Belag:
500 g Kürbisfruchtfleisch (z. B. Hokkaido)
125 g Vollkornmehl
125 g geschälte gemahlene Mandeln
2 TL Backpulver
1/2 TL Vanillemark
1/4 l Mandelmilch
4 EL Öl
ca. 100 ml Ahornsirup
Puderzucker

Außerdem:
Margarine für die Form
Mehl für die Arbeitsfläche

Zubereitung

FÜR 1 TARTEFORM

1 Für den Mürbeteig das Mehl mit den Mandeln, der Margarine und dem Zucker in einer großen Schüssel mit den Knethaken des Handrührgeräts kurz verrühren und mit den Händen zu einem glatten Teig kneten. Bei Bedarf noch etwas Wasser oder Mehl dazugeben. Den Teig zu einer Kugel formen, in Frischhaltefolie wickeln und 30 Minuten kühl stellen.

2 Anschließend eine Tarte- oder Springform (26 cm Durchmeser) einfetten, den Teig auf der bemehlten Arbeitsfläche rund ausrollen und die Form damit auskleiden, dabei einen Rand formen. Die Kuchenform kühl stellen.

3 Für den Belag das Kürbisfruchtfleisch in Würfel schneiden. In einem Topf reichlich Wasser zum Kochen bringen und das Kürbisfruchtfleisch darin etwa 15 Minuten weich garen.

4 Den Backofen auf 200 °C vorheizen. Den Kürbis in ein Sieb abgießen, abtropfen lassen und in einer hohen Schüssel mit dem Stabmixer fein pürieren.

5 Das Vollkornmehl, die Mandeln, das Backpulver und das Vanillemark in einer separaten Schüssel vermischen. Die Mandelmilch, das Öl, den Ahornsirup und das Kürbispüree hinzufügen und alles gut verrühren. Den Belag auf den Tarteboden geben, glatt streichen und im Ofen auf der mittleren Schiene etwa 40 Minuten backen.

6 Die Tarte herausnehmen und auskühlen lassen. Zum Servieren die Mandel-Sirup-Tarte mit Puderzucker bestäuben. Nach Belieben können Sie auch einmal 1 EL fein geriebenen Ingwer, 1 TL geriebene Bio-Orangenschale und 50 g gehackte Kürbiskerne unter den Teig mischen.

Apfel-Streusel-Kuchen
mit Nüssen

Immer wieder fein: frische Äpfel, herzhafte Nüssen und knusprige Streusel – eine Tasse Cappuccino dazu, und der Tag ist perfekt!

Zutaten

Für den Teig:

125 g Margarine
125 g Zucker
2 TL Ei-Ersatzpulver
3 TL Backpulver
225 g Mehl
75 g geriebene Haselnüsse
1 Msp. Zimtpulver
150 g Sojamilch

Für die Streusel:

100 g Mehl
65 kalte Margarine
2 EL Zucker
2 Päckchen Bourbon-Vanillezucker

Außerdem:

Margarine und Weißbrotbrösel für die Form
5 Äpfel

Zubereitung

FÜR 8 STÜCKE

1 Eine Springform (ca. 24 cm Durchmesser) mit Margarine einfetten und mit Bröseln bestreuen. Die Äpfel vierteln, schälen, entkernen und in kleine Stücke schneiden.

2 Für den Teig Margarine und Zucker in einer Schüssel mit den Quirlen des Handrührgeräts schaumig rühren. Ei-Ersatzpulver, Backpulver, Mehl, Haselnüsse, Zimt und Sojamilch dazugeben und alles zu einem glatten Teig verrühren.

3 Den Backofen auf 190 °C vorheizen. Für die Streusel das Mehl, den Zucker, den Vanillezucker und die Margarine in einer Schüssel mischen und mit den Händen zu feinen Streuseln verarbeiten.

4 Die Apfelstückchen unter den Teig mischen, den Teig in die vorbereitete Springform füllen und glatt streichen. Dann die Streuseln darüberstreuen.

5 Den Kuchen im Ofen auf der mittleren Schiene etwa 40 Minuten goldbraun backen (Stäbchenprobe!). Den Apfel-Streusel-Kuchen herausnehmen, auskühlen lassen, aus der Form lösen und servieren.

Tipp› Backen Sie doch mal Aprikosen-, Rhabarber- oder Mango-Kuchen und servieren Sie Sojasahne dazu: 250 g schlagfähige Sojasahne mit je 1 Päckchen Sahnesteif und Vanillezucker steif schlagen.

Brownies
mit Macadamianüssen

Wer kann da schon Nein sagen? Die üppigen Küchlein aus Amerika werden hier schon lange geliebt und immer neu variiert

Zutaten

5 EL geschroteter Leinsamen
Margarine für die Form
50 g Mehl
50 g Speisestärke
50 g Kakaopulver
2 TL Backpulver
150 g Zucker
150 g Zartbitterschokolade
150 g Margarine
1/2 TL Zimtpulver
150 g Macadamianüsse

Zubereitung

FÜR CA. 20 STÜCK

1 Den Leinsamen mit etwa 200 ml kochendem Wasser übergießen und etwa 10 Minuten quellen lassen. Den Backofen auf 180 °C vorheizen. Eine kleine Backform (etwa 20 x 20 cm) mit Margarine einfetten.

2 Das Mehl, die Stärke, den Kakao, das Backpulver und den Zucker in einer Schüssel mischen. Die Schokolade grob hacken und mit der Margarine und dem Zimt in einer Metallschüssel im heißen Wasserbad bei schwacher Hitze schmelzen.

3 Die Macadamianüsse grob hacken. Die Schokoladenmischung, die Nüsse und den Leinsamen samt Flüssigkeit zur Mehlmischung geben und verrühren.

4 Den Teig in die Form füllen und glatt streichen. Im Ofen auf der mittleren Schiene etwa 30 Minuten backen (Stäbchenprobe!). Danach in der Form vollständig auskühlen lassen und in etwa 4 x 5 cm große Stücke schneiden. Nach Belieben mit Puderzucker bestäuben.

Tipp› Probieren Sie mal diese Variante: Vor dem Backen 100 g Erdnussbutter in kleinen Klecksen auf dem Teig verteilen und je 50 g Zartbitter-Schokotropfen und leicht zerbröselte Salzbrezeln darüberstreuen.

Mazarin-Törtchen
mit Pinienkernen

Süße Schweden-Happen: Mit diesen Mini-Törtchen aus dem hohen Norden können Sie Ihre Gäste auf jeder Kuchen- und Teeparty beeindrucken

Zutaten

Für den Teig:

50 g Maismehl
100 g Dinkelmehl
100 g Margarine
1 EL Apfelmus
1 EL Apfelsaft

Für die Füllung:

25 g Margarine
ca. 100 g Apfelmus
60 g Zucker
1 Msp. Johannisbrotkernmehl
80 g geschälte gemahlene Mandeln
80 g Pinienkerne

Außerdem:

Margarine und Mehl für die Förmchen
Mehl für die Arbeitsfläche

Zubereitung

FÜR 6 STÜCK

1 Den Backofen auf 200 °C vorheizen. Sechs kleine Förmchen (à etwa 5 cm Durchmesser, z. B. für Muffins) einfetten und mit Mehl bestäuben.

2 Für den Teig das Maismehl mit dem Dinkelmehl in einer Schüssel mischen, 50 g davon abnehmen und beiseitestellen. 100 g Margarine, das Apfelmus und den Apfelsaft zur Mehlmischung hinzufügen und alles zu einem glatten Teig verkneten.

3 Den Teig auf der bemehlten Arbeitsfläche dünn ausrollen, 6 Kreise (à 8 cm Durchmesser) ausstechen und die Förmchen damit auskleiden, dabei am Rand andrücken.

4 Für die Füllung das restliche Mehl mit der Margarine, dem Apfelmus, dem Zucker, dem Johannisbrotkernmehl, den Mandeln und 2 EL Wasser vermischen. Die Füllung in die Förmchen füllen und mit den Pinienkernen bestreuen.

5 Die Törtchen im Ofen auf der mittleren Schiene 15 bis 20 Minuten backen. Die Mazarin-Törtchen herausnehmen und auskühlen lassen. Aus den Formen lösen und servieren.

Tipp› Pinienkerne sind die geschälten Samen der Pinie, die vor allem im Mittelmeerraum vorkommt. Daher sind Pinienkerne auch in der mediterranen Küche sehr beliebt. Sie schmecken leicht nach Harz.

Macadamia-Cremetörtchen
mit Zuckerglasur

Zutaten

Margarine und Dinkelmehl
für die Form
175 g Dinkelmehl
125 g Maismehl
225 g Margarine
75 g Mangopüree (aus dem Glas)
2 EL Birnensaft
Maismehl für die Arbeitsfläche
75 g brauner Zucker
40 g Reismehl
150 g gemahlene
Macadamianüsse
150 g Puderzucker

Zubereitung

FÜR 12 STÜCK

1 Den Backofen auf 180 °C vorheizen. Die Vertiefungen einer Muffinform einfetten und mit Mehl bestäuben oder passende Papierförmchen hineinsetzen.

2 Dinkel- und Maismehl mischen und ein Drittel beiseitestellen. Den Rest mit 200 g Margarine, 40 g Mangopüree und dem Birnensaft zu einem geschmeidigen Teig verkneten. Eventuell etwas Wasser dazugeben. Den Teig auf der bemehlten Arbeitsfläche dünn ausrollen und 12 Kreise von etwa 8 cm Durchmesser ausstechen. In die Vertiefungen des Muffinblechs drücken, mehrmals mit einer Gabel einstechen.

3 Zucker mit restlicher Mehlmischung, Reismehl, Macadamianüssen, übriger Margarine sowie dem restlichen Mangopüree und 1 bis 2 EL Wasser glatt rühren. Die Masse in die Vertiefungen der Muffinform füllen und im Ofen auf der mittleren Schiene 25 Minuten goldbraun backen.

4 Herausnehmen, etwa 5 Minuten ruhen lassen. Die Törtchen aus der Form lösen und abkühlen lassen. Den Puderzucker mit 2 bis 3 EL Wasser glatt rühren und über die Törtchen träufeln.

Bananenmuffins
mit Cranberrys

Zutaten

Margarine und Mehl für die Form
150 g Vollkornmehl
50 g gemahlene Haselnüsse
2 EL Haferkleie
3 TL Backpulver
1/2 TL Natron
100 g getrocknete Cranberrys
50 g getrocknete Himbeeren
3 reife Bananen
ca. 350 ml Sojamilch
100 g brauner Zucker
100 ml Rapsöl

Zubereitung

FÜR CA. 12 STÜCK

1 Den Backofen auf 180 °C vorheizen. Die Vertiefungen einer Muffinform einfetten und mit Mehl bestäuben oder Papierförmchen hineinsetzen.

2 Das Mehl, die Nüsse, die Kleie, das Backpulver, das Natron, die Cranberrys und die Himbeeren in einer Schüssel mischen.

3 Die Bananen schälen, in Scheiben schneiden und mit einer Gabel fein zerdrücken. Die Sojamilch, den Zucker und das Öl unterrühren. Die Mehlmischung dazugeben und mit dem Schneebesen oder einem Kochlöffel nur so lange verrühren, bis alle Zutaten feucht sind.

4 Den Teig maximal drei Viertel hoch in die Vertiefungen der Muffinform füllen und die Muffins im Backofen auf der mittleren Schiene etwa 30 Minuten backen.

5 Aus dem Backofen nehmen und etwa 5 Minuten ruhen lassen. Die Muffins aus der Form lösen und abkühlen lassen. Muffins nach Belieben z. B. mit Erdbeerkonfitüre servieren.

Süßes Gebäck
im Backpapier

Ob für die Kaffeerunde oder als Mitbringsel:
So nett verpackt, sind diese kleinen Süßigkeit immer willkommen

Zutaten

100 g Margarine
1 Mandarine (ersatzweise ½ Orange)
1 Prise Safranpulver
300 g Mehl
1 ½ TL Backpulver
1 TL Natron
150 g Zucker
2 EL Vanillezucker
ca. ¼ l Mandelmilch (alternativ Kokos- oder Reismilch)

Zubereitung

FÜR 12 STÜCK

1 Den Backofen auf 200 °C vorheizen und 12 kleine hohe Backförmchen mit hellem Backpapier auskleiden (z. B. Muffinförmchen).

2 Die Margarine zerlassen. Die Mandarine halbieren und auspressen, das Safranpulver in dem Saft auflösen. Das Mehl mit dem Backpulver, dem Natron, dem Zucker und dem Vanillezucker vermischen. Die Margarine, die Mandelmilch und den Mandarinensaft hinzufügen und alles mit den Quirlen des Handrührgeräts zu einem glatten Teig verrühren. Bei Bedarf noch etwas Mandelmilch dazugeben.

3 Den Teig in die Förmchen füllen und im Ofen auf der mittleren Schiene etwa 20 Minuten goldgelb backen.

4 Herausnehmen, etwas abkühlen lassen und das süße Gebäck mit dem Backpapier zusammen aus den Förmchen lösen, sodass es vom Papier ummantelt bleibt. Nach Belieben mit Puderzucker bestäubt servieren.

Tipp› Wer es gerne etwas saurer mag, kann den Mandarinensaft durch Zitronensaft ersetzen und zusätzlich etwas abgeriebene Bio-Zitronenschale unter den Teig mischen.

Knusprige Grissini
mit Mohn

Zutaten

½ Würfel frische Hefe (21 g)

400 g Mehl (Type 550)

1 TL Agavendicksaft

2 EL Olivenöl

Salz

Mehl für die Arbeitsfläche

2–3 EL Mohn

Zubereitung

FÜR 4 PERSONEN

1 Die Hefe zerbröckeln und in 200 ml lauwarmem Wasser auflösen. Das Mehl in eine große Schüssel geben und eine Mulde hineindrücken. Die aufgelöste Hefe hineingießen und den Agavendicksaft dazugeben. Mit etwas Mehl zu einem dünnen Brei anrühren und zugedeckt an einem warmen Ort 10 Minuten gehen lassen.

2 Anschließend das Olivenöl und 1 TL Salz dazugeben, mit dem Vorteig und dem restlichen Mehl zu einem glatten Teig verkneten. Den Teig in der Schüssel mit Frischhaltefolie zugedeckt an einem warmen Ort etwa 1 Stunde gehen lassen.

3 Backofen auf 250 °C vorheizen, zwei Bleche mit Backpapier auslegen. Teig auf der bemehlten Arbeitsfläche durchkneten und zu 2 langen Rollen formen. Jede Rolle in etwa 30 Stücke teilen und jedes Stück zu einer 15 cm langen, dünnen Rolle formen. Die Grissini mit dem Mohn bestreuen und 2- bis 3-mal in sich verdrehen. Auf den Backblechen verteilen und im Ofen auf der mittleren Schiene 8 bis 10 Minuten goldbraun backen. Statt Mohn können auch getrocknete Kräuter oder Sesam verwendet werden.

Ofenfrische Brötchen
mit Haferflocken und Hafermilch

Zutaten

1/2 Würfel frische Hefe (21 g)
ca. 1/4 l Hafermilch
1/2 TL Zucker
300 g Mehl
200 g Weizenvollkornmehl
50 g Margarine
Salz
Mehl für die Arbeitsfläche
ca. 100 g zarte Haferflocken
1–2 EL geschroteter Leinsamen
Hafermilch

Zubereitung

FÜR CA. 10 STÜCK

1 Die Hefe zerbröckeln, in etwas lauwarmer Hafermilch mit dem Zucker auflösen. Beide Mehlsorten in eine Schüssel sieben, eine Mulde hineindrücken und die Hefe hineingießen, alles verrühren. Zugedeckt an einem warmen Ort 30 Minuten gehen lassen. Restliche Milch, Margarine und 1 TL Salz dazugeben und zu einem geschmeidigen Teig verkneten. Bei Bedarf noch etwas Mehl oder Milch dazugeben. Den Teig zugedeckt an einem warmen Ort etwa 1 Stunde gehen lassen.

2 Dann den Teig durchkneten, auf der bemehlten Arbeitsfläche zu einem 1 1/2 cm dicken Rechteck ausrollen. Mit wenig lauwarmem Wasser bestreichen, mit 2 EL Haferflocken und den Leinsamen bestreuen. Von der breiten Seite her eng aufrollen und in 10 gleich große Scheiben schneiden.

3 Den Ofen auf 200 °C vorheizen. Die Teigstücke auf ein mit Backpapier belegtes Backblech legen und zugedeckt 30 Minuten gehen lassen. Die Brötchen dünn mit etwas Hafermilch bestreichen und mit den restlichen Haferflocken bestreuen. Im Ofen auf der mittleren Schiene 25 Minuten goldbraun backen.

Kleine Dinkelbrote
mit Kümmel

Nicht nur für den kleinen Hunger: Satt machen diese kleinen Dinkelbrote auf jeden Fall, frisch belegt mit Räuchertofu sind sie der Hit

Zutaten

1/2 Würfel frische Hefe (21 g)
250 g Dinkelvollkornmehl
250 g Weizenmehl
1 TL gemahlener Kümmel
Salz
150 g veganer Natursauerteig (z. B. aus dem Reformhaus)
Mehl zum Verarbeiten

Zubereitung

FÜR CA. 15 STÜCK

1 Die Hefe zerbröckeln und in etwa 50 ml lauwarmem Wasser auflösen. Beide Mehlsorten mit dem Kümmel in einer Schüssel mischen und eine Mulde hineindrücken. Die aufgelöste Hefe in die Mulde gießen. Den Vorteig in der Schüssel zugedeckt an einem warmen Ort etwa 30 Minuten gehen lassen.

2 Anschließend 1 TL Salz, den Sauerteig und etwa 350 ml lauwarmes Wasser hinzufügen und verkneten, bis sich der Teig vom Schüsselrand löst. Den Teig in der Schüssel nochmals zugedeckt etwa 30 Minuten gehen lassen.

3 Den Backofen auf 200 °C vorheizen. Den Teig auf der bemehlten Arbeitsfläche mit den Händen nochmals gut durchkneten, in etwa 15 Stücke teilen und portionsweise zu Kugeln formen. Die Teigkugeln auf ein mit Mehl bestäubtes Backblech legen. Mit dem Messer ein Karomuster hineinritzen und die Brote im Ofen auf der mittleren Schiene 25 Minuten goldbraun backen. Wenn Sie möchten, können Sie auch 100 g Röstzwiebeln oder 100 g getrocknete Tomaten statt des Kümmels unter den Teig kneten.

Tipp› Dinkel ist eine Getreideart und mit dem heutigen Weizen verwandt. Da die Backfähigkeit von Dinkelmehl etwas schlechter als die von Weizenmehl ist, werden die Mehlsorten meistens gemischt.

Indisches Naan
mit Gewürzen und Kräutern

Zutaten

15 g frische Hefe

150 ml Reis- oder Sojamilch

500 g Mehl

1 TL Backpulver

1 TL Zucker

180 g Sojajoghurt

2 EL Öl

Salz

Mehl für die Arbeitsfläche

Schwarzkümmelsamen, Chiliflocken, Meersalz und gehackte Petersilie zum Bestreuen

Zubereitung

FÜR 4 PERSONEN

1 Die Hefe zerbröckeln und in der lauwarmem Reismilch auflösen. Das Mehl mit dem Backpulver in einer großen Schüssel mischen und eine Mulde hineindrücken. Die aufgelöste Hefe hineingießen und den Zucker darüberstreuen, mit etwas Mehl zu einem dünnen Brei verrühren. Zugedeckt 10 Minuten gehen lassen. Anschließend Zucker, Joghurt, Öl und 1 TL Salz dazugeben und mit dem restlichen Mehl zu einem glatten Teig verkneten. Den Teig in der Schüssel zugedeckt an einem warmen Ort etwa 1 Stunde gehen lassen.

2 Den Backofen auf 225 °C vorheizen. Den Teig auf der bemehlten Arbeitsfläche durchkneten, in 10 Portionen teilen und dann zu etwa 1/2 cm dicken Fladen ausrollen. Mit Schwarzkümmel, Chiliflocken, Meersalz und Petersilie bestreuen.

3 Die Fladen auf einem mit Backpapier belegten Backblech im Ofen auf der mittleren Schiene etwa 10 Minuten goldbraun backen (alternativ in einer Pfanne ohne Fett 2 Minuten backen). Die Brote herausnehmen und am besten noch warm servieren.

Knuspriges Ciabatta
mit Olivenöl

Zutaten

1/4 Würfel frische Hefe (10 g)
1 TL Zucker
500 g Mehl
1 EL Salz
5 EL Olivenöl
3–4 EL Weißbrotbrösel
Mehl für die Arbeitsfläche

Zubereitung

FÜR 2 BROTE

1 Die Hälfte der Hefe zerbröckeln und mit dem Zucker in etwa 1/4 l lauwarmem Wasser auflösen. Das Mehl dazugeben und gut vermischen. Den Teig in der Schüssel zugedeckt an einem warmen Ort über Nacht ruhen lassen.

2 Am nächsten Tag die übrige Hefe zerbröckeln und in etwa 70 ml lauwarmem Wasser auflösen, mit Salz, Olivenöl und Bröseln zum Teig geben. Auf der bemehlten Arbeitsfläche zu einem glatten, elastischen Teig verkneten. Den Teig nochmals zugedeckt an einem warmen Ort etwa 2 Stunden gehen lassen.

3 Anschließend den Teig halbieren und auf der bemehlten Arbeitsfläche zu 2 Broten formen. Nochmals zugedeckt 1 bis 2 Stunden gehen lassen.

4 Den Backofen auf 220 °C mit einem Pizzastein oder Backblech vorheizen. Die Brote auf den Pizzastein oder das mit Backpapier belegte Backblech legen und eine ofenfeste Schale mit Wasser dazustellen. Ciabatta im Ofen auf der mittleren Schiene etwa 30 Minuten backen.

Rezeptregister

Rezeptregister

Bildnachweis

Umschlag: Cover: Eising Studios | Food Photo & Video; StockFood: O. Brachat (hinten u.), Foodcollection (hinten M.), J. Westermann (hinten o.)
Innenteil: StockFood: C. Allack: 103; J. Bagwell: 9, 139; Bauer Syndication: 25, 63; L. Beisch: 85; H. Bischof: 14 (r. u. und 2. v. u.) 23, 64, 65, 101, 128, 147, 151; N. Braas: 209; O. Brachat: 35, 115, 211, 213; M. Brauner: 204; K. Campbell: 176; C. Cartier: 205; R. Castilho: 99, 177, 208; S. Cat-Symonds: 170; J. Cazals: 43, 55, 70, 117; W. Cimbal: 14 (l.); G. Comas: 102; S. Conroy: 96; DeA Picture Libary: 179; Drool Ltd. W. Lingewood 71; M. Duisterhof: 12 (r.o.); M. Dyrlov: 149; Eising Studios | Food Photo & Video: 16–19, 61, 73, 80, 83, 93, 111, 112, 129, 163; S. Eising: 12 (r.o.), 26, 54; L. Ellert: 30; E. Esprit: 51; ETSA: 7, 188–189, 203; S. Evans: 105; Feig & Feig: 9, 32; E. Fenot: 97; M. O. Finley: 187; Foodcollection: 13 (l. o. und l. u.), 47; FoodPhotography Eising: 6, 8, 9 (2), 40–41, 44, 45, 49, 56, 58, 59, 74, 75, 77, 79, 84, 87, 106–107,109, 116, 119, 123, 140; Gallo Images Pty Ltd.: 29, 167; I. Garlick: 183; Great Stock!: 11, 173; E. Gründmann: 121, 135; Holsten & Koops: 10, 155; House & Leisure: 81; A. Hrbková: 15 (u.); V. Janssen: 6, 20–21, 39; J. Kirchherr: 19 (u.); U. Köb: 12 (l.); Kramp & Gölling: 91; D. King: 191, 195, 197; Laurange: 7, 164–165, 175; B. Lawton/A. Geralnik: 158; J. Lehmann: 9, 212; D. Lerner: 153; M. Lindeblad: 9,182; L. Lister: 95; B. Lutterbeck: 12 (u.); A. Mackevicius: 10, 199; L. Miller: 201; K. Newedel: 14 (r.o.); P. Nilsson: 90, 145, 150; C. Pastel: 113; M. Paul: 48; R & R Publications Marketing Pty Ltd.: 6, 33, 36, 37, 66–67, 87; F. Reculez: 181; A. Richardson: 141; W. Schardt: 157; K. Schwabe: 10, 12 (M.o.), 161; H. Siffert: 159; B. Sporrer: 185; Sporrer/Skowronek: 12 (r.u.), 53, 131, 133; R. Stempell: 169; M. Stock Ltd.: 15 (o.); J. Rion: 207; C. Vedder: 4–5; S. Weaver: 171; J. Westermann: 7, 136–137, 143; B. Winkelmann: 9, 69, 193; R. Whitrow: 194; Yellow Street Photos: 27

Rezept Titelbild: Falafel mit Roter Bete

Zutaten

200 g getrocknete Kichererbsen
1/2 TL Natron
1 Scheibe Toast- oder Weißbrot
1 Zwiebel · 1 Knoblauchzehe
1 EL gehackte Petersilie
1/2 EL gemahlener Kreuzkümmel
Salz · Pfeffer aus der Mühle
2 EL Mehl · 1 TL Backpulver
1 EL Paniermehl · Öl zum Frittieren
3 Rote Beten · 300 g Schalotten
2 EL Olivenöl
1 EL Puderzucker
50 ml trockener Weißwein
100 ml Gemüsebrühe
frischer Meerrettich
Brunnenkresse

Zubereitung

FÜR 4 PERSONEN

1 Kichererbsen über Nacht mit Natron in reichlich Wasser einweichen. Am nächsten Tag abgießen. Das Brot in Wasser einweichen und dann ausdrücken. Zwiebel und Knoblauch schälen, in grobe Würfel schneiden. Beides mit Kichererbsen, Brot, Petersilie, Kreuzkümmel, 1 TL Salz und Pfeffer pürieren. Mehl und Backpulver mischen und mit dem Paniermehl unter die Masse rühren. Daraus mit angefeuchteten Händen walnussgroße Bällchen formen.

2 Das Öl in einem großen Topf auf 170 °C erhitzen und die Bällchen darin etwa 5 Minuten frittieren. Auf Küchenpapier abtropfen lassen. Die Roten Beten putzen, schälen (mit Einweghandschuhen) und in schmale Spalten schneiden. In kochendem Salzwasser 12 bis 15 Minuten garen, abgießen und abtropfen lassen. Die Schalotten schälen und in Spalten schneiden.

3 Das Olivenöl in einer Pfanne erhitzen und die Schalotten darin andünsten, die Roten Beten und nach Belieben etwas frischen Thymian dazugeben. Mit Puderzucker bestäuben und das Gemüse leicht karamellisieren. Mit dem Wein ablöschen, die Brühe angießen und alles etwa 5 Minuten schmoren. Mit Salz und Pfeffer abschmecken. Falafel auf dem Gemüse anrichten und mit Meerrettichspänen und Brunnenkresse bestreut servieren.